영어 리스닝 100일의 기적

영어 리스닝 100일의 기적

지은이 김일승
펴낸이 임상진
펴낸곳 (주)넥서스

초판 1쇄 발행 2019년 8월 26일
초판 10쇄 발행 2025년 1월 20일

출판신고 1992년 4월 3일 제311-2002-2호
주소 10880 경기도 파주시 지목로 5
전화 (02)330-5500 팩스 (02)330-5555

ISBN 979-11-90032-34-6 13740

저자와 출판사의 허락 없이 내용의 일부를
인용하거나 발췌하는 것을 금합니다.
저자와의 협의에 따라서 인지는 붙이지 않습니다.

가격은 뒤표지에 있습니다.
잘못 만들어진 책은 구입처에서 바꾸어 드립니다.

www.nexusbook.com

100일 후에는 나도 영어가 들린다!

영어 리스닝 100일의 기적

김일승 지음

넥서스

대한민국에서 영어 잘하는 법

영어회화란 '듣고 말하는 것'입니다.

말하기만큼 중요한 것이 리스닝입니다. 들려야 말을 받아칠 수 있으니까요. 제가 이어폰으로 볼륨 최대로 해서 음악을 듣고 있다고 생각해봅시다. 여러분이 제게 우리말로 말을 걸어도 저는 대화를 할 수 없게 됩니다. 무슨 말인지 못 들었으니까요. 일단 들려야 합니다. 그래야 주고받는 대화가 가능합니다.

아무 대책 없이 무작정 영어만 듣는다고 듣기 실력이 늘지 않습니다. 한 번 안 들리는 건 100번 들어도 안 들립니다. 그렇다면 영어 리스닝 공부를 어떻게 하면 좋을까요? 우리나라에서도 뭔가 기가 막힌, '이렇게 하니 영어가 진짜 들리기 시작하더라'는 말이 나올 정도의 비법이 있을 것 같지 않나요?

제가 미리 정답을 알려드릴게요. **"영어의 모든 소리를 한 번씩 접해보고, 느껴보고, 발음해보며, 귀로 확인하여 정리하는 작업"**이 영어 리스닝의 **핵심입니다.** 영어 왕초보를 위한 기초 소리, 달라지는 소리, '소리 연결법'이라고 소개해드릴 연음 공략법, 그리고 원어민과 똑같이 따라 하고 낭독

할 수 있는 영어 발음교정 등 여러분의 영어 리스닝 실력을 120% 향상시킬 수 있는 기술이 이 책에 있습니다.

100일 뒤의 기적을 맛볼 기회는 이 세상 누구에게나 열려 있습니다. 이제 여러분은 영어 리스닝을 해결할 열쇠를 손에 잡으셨습니다. 누구나 영어를 쉽게 들을 수 있다는 것을 제가 증명해 보이고자 합니다. 서울 메이저 어학원 13년 경력의 전달력 넘치는 저의 오디오 강의를 유튜브나 네이버 오디오클럽에서 함께해보세요! 여러분의 실력 향상을 피부로 느끼게 해 드리겠습니다.

김일승의 〈영어 리스닝 100일의 기적〉과 함께 '진짜 기적'을 체험해 보시면 좋겠습니다.

저자 **김일승**

영어 리스닝 100일의 기적 공부법

1 오늘 배울 내용 확인
매일매일 바뀌는 학습 내용을 확인해보세요. 왕초보가 꼭 배워야 할 내용으로 구성했습니다.

2 원어민 MP3 & 저자 강의 듣기
원어민의 생생한 발음을 들어보세요. 영어 청취 전문가 김일승 선생님이 재미있게 설명해주는 리스닝 강의도 꼭 함께 들어보세요.

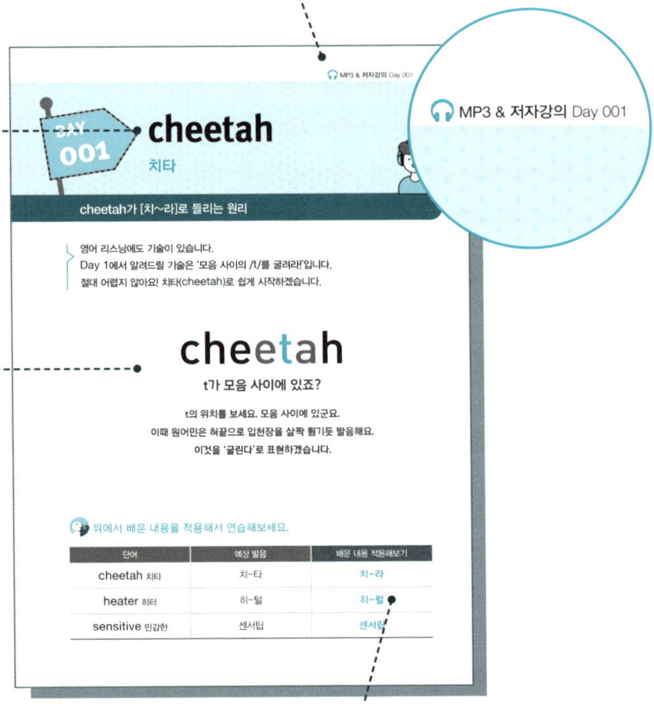

> 🎧 MP3 & 저자강의 Day 001
>
> **DAY 001**
> **cheetah**
> 치타
>
> cheetah가 [치~라]로 들리는 원리
>
> 영어 리스닝에도 기술이 있습니다.
> Day 1에서 알려드릴 기술은 '모음 사이의 /t/를 굴려라'입니다.
> 절대 어렵지 않아요! 치타(cheetah)로 쉽게 시작하겠습니다.
>
> # chee**t**ah
> t가 모음 사이에 있죠?
>
> t의 위치를 보세요. 모음 사이에 있군요.
> 이때 원어민은 혀끝으로 입천장을 살짝 튕기듯 발음해요.
> 이것을 '굴린다'로 표현하겠습니다.
>
> 🔊 위에서 배운 내용을 적용해서 연습해보세요.
>
> | 단어 | 예상 발음 | 배운 내용 적용해보기 |
> |---|---|---|
> | cheetah 치타 | 치-타 | 치-라 |
> | heater 히터 | 히-털 | 히-럴 |
> | sensitive 민감한 | 센서팁 | 센서립 |

3 설명 정독하기
실생활에서 자주 사용되지만 헷갈리기 쉬운, 혹은 잘못 알고 있는 발음들을 정확하게 알아봅시다. 설명을 정독하며 리스닝 기술을 익혀보세요.

4 연습하기 1
위에서 배운 내용을 바로 적용해볼까요? 원어민 MP3 파일을 여러 번 들어보고, 따라 말하는 연습을 해 보세요. 한글을 읽지 말고 영어를 보고 읽어보세요.

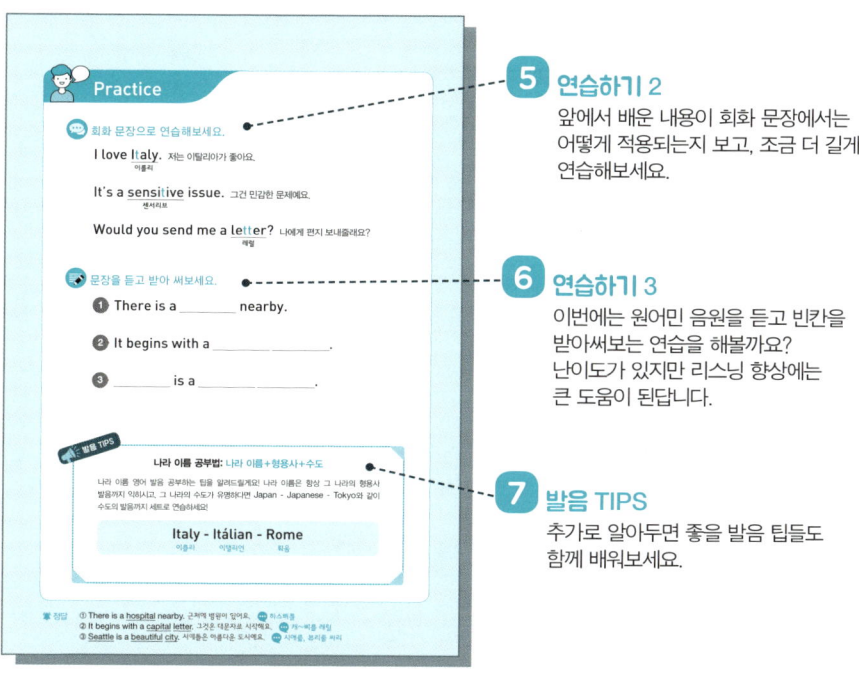

5 연습하기 2
앞에서 배운 내용이 회화 문장에서는 어떻게 적용되는지 보고, 조금 더 길게 연습해보세요.

6 연습하기 3
이번에는 원어민 음원을 듣고 빈칸을 받아써보는 연습을 해볼까요? 난이도가 있지만 리스닝 향상에는 큰 도움이 된답니다.

7 발음 TIPS
추가로 알아두면 좋을 발음 팁들도 함께 배워보세요.

• 100일의 기적 학습 진도표 •

	Chapter 01. 왕초보 0순위 기술 '달라지는 소리 잡기'	페이지	공부한 날	
Day 001	**cheetah** cheetah가 [치~라]로 들리는 원리	18	월	일
Day 002	**Not at all.** Not at all.이 [나래럴]로 연음되는 원리	20	월	일
Day 003	**soda** soda가 [쏘우라]로 들리는 원리	22	월	일
Day 004	**I'm good at it.** good at it이 [그래릿]으로 연음되는 원리	24	월	일
Day 005	**party** party가 [파~리]로 들리는 원리	26	월	일
Day 006	**For here or to go?** or to가 [오어루]로 연음되는 원리	28	월	일
Day 007	**garden** garden이 [가~른]으로 들리는 원리	30	월	일
Day 008	**Where do you live?** where do가 [웨어~루]로 연음되는 원리	32	월	일
	Chapter 02. 영어 듣기의 핵심 '소리 연결법'	페이지	공부한 날	
Day 009	**Have fun!** have fun이 [해펀] – 같은 소리 연결법	36	월	일
Day 010	**once upon a time** once upon a가 [원써파너] – 앞소리 뒤로 연결법	38	월	일
Day 011	**I liked it.** liked it이 [라익 띳] – 앞소리 뒤로 연결법	40	월	일
Day 012	**sitcom** sitcom이 [싯캄] – 끊어 연결법	42	월	일

Day 013	**played the piano** played the가 [플레잇 더] - 끊어 연결법	44	월	일
Day 014	**Trust me.** Trust me.에서 /t/가 안 들리는 이유 - 가운데 소리 빼기 연결법	46	월	일
Day 015	**canned food** canned food에서 /-ed/가 안 들리는 이유 - 가운데 소리 빼기 연결법	48	월	일

Chapter 03. 꼭 필요한 소리만 듣는 '불필요한 소리 빼기'		페이지	공부한 날	
Day 016	**students** students가 [스뚜든스]로 들리는 원리	52	월	일
Day 017	**friends** friends가 [프렌스]로 들리는 원리	54	월	일
Day 018	**products** products가 [푸롸락스]로 들리는 원리	56	월	일

Chapter 04. 발음의 기초를 잡는 '자음 소리 구분하기'		페이지	공부한 날	
Day 019	**Ryan vs. lion** r 발음과 l 발음 구분하기	60	월	일
Day 020	**passion vs. fashion** p 발음과 f 발음 구분하기	62	월	일
Day 021	**blog vs. vlog** b 발음과 v 발음 구분하기	64	월	일
Day 022	**yacht** 혓바닥을 올려라!	66	월	일
Day 023	**sink vs. think** [s]와 [θ] 소리 구분하기	68	월	일
Day 024	**woman** woman은 [우먼]인가 [워먼]인가	70	월	일

Chapter 05. 발음의 기초를 잡는 '모음 소리 구분하기'		페이지	공부한 날	
Day 025	**seat vs. sit** [iː]와 [i] 소리 구분하기	74	월	일
Day 026	**men vs. man** [e]와 [æ] 소리 구분하기	76	월	일
Day 027	**bus vs. boss** [ʌ]와 [ɔ] 소리 구분하기	78	월	일
Day 028	**coat vs. caught** [ou]와 [ɔ] 소리 구분하기	80	월	일

Chapter 06. 까다로운 '정관사 the 리스닝 비법'		페이지	공부한 날	
Day 029	**the** 자음 앞의 정관사 the 듣기	84	월	일
Day 030	**the** 모음 앞의 정관사 the 듣기	86	월	일

Chapter 07. 공식으로 통하는 '원 포인트 리스닝 전략'		페이지	공부한 날	
Day 031	**level** [으]로만 발음하면 바로 들리는 6개 단어	90	월	일
Day 032	**system** [뜸]으로만 발음하면 바로 들리는 3개 단어	92	월	일
Day 033	**distance** [뜬]으로만 발음하면 바로 들리는 3개 단어	94	월	일
Day 034	**dragon** [근]으로만 발음하면 바로 들리는 3개 단어	96	월	일

Chapter 08. 헷갈리는 can과 can't 발음 구분		페이지	공부한 날	
Day 035	**I can do it!** can 소리 듣기	100	월	일
Day 036	**I can't do it!** can't 소리 듣기	102	월	일

Chapter 09. 원어민이 말하는 '빠른 소리 듣는 법'		페이지	공부한 날	
Day 037	**and** and의 원래 소리와 빠른 소리 듣기	106	월	일
Day 038	**or** or의 원래 소리와 빠른 소리 듣기	108	월	일
Day 039	**at** at의 원래 소리와 빠른 소리 듣기	110	월	일
Day 040	**as** as의 원래 소리와 빠른 소리 듣기	112	월	일
Day 041	**their** their의 원래 소리와 빠른 소리 듣기	114	월	일
Day 042	**them** them의 원래 소리와 빠른 소리 듣기	116	월	일
Day 043	**her** her의 원래 소리와 빠른 소리 듣기	118	월	일
Day 044	**his** his의 원래 소리와 빠른 소리 듣기	120	월	일
Day 045	**him** him의 원래 소리와 빠른 소리 듣기	122	월	일
Day 046	**want to** want to의 원래 소리와 빠른 소리 듣기	124	월	일
Day 047	**going to** going to의 원래 소리와 빠른 소리 듣기	126	월	일
Day 048	**kind of** kind of의 원래 소리와 빠른 소리 듣기	128	월	일
Day 049	**must have** must have의 원래 소리와 빠른 소리 듣기	130	월	일
Day 050	**have got to** have got to의 원래 소리와 빠른 소리 듣기	132	월	일
Day 051	**can you** can you의 원래 소리와 빠른 소리 듣기	134	월	일

	Chapter 10. 원어민 따라잡는 '원어민 시야로 듣기'	페이지	공부한 날	
Day 052	**interesting** 들리지 않는 모음 e	138	월	일
Day 053	**salmon** 들리지 않는 자음 l	140	월	일
Day 054	**subtle** 들리지 않는 자음 b	142	월	일
Day 055	**island** 들리지 않는 자음 s	144	월	일
Day 056	**herb** 들리지 않는 자음 h	146	월	일
Day 057	**clothes** 들리지 않는 자음 th	148	월	일
Day 058	**soften** 들리지 않는 자음 t	150	월	일
Day 059	**summer** 자음 두 개가 붙어있으면 한 개만 들린다	152	월	일

	Chapter 11. 입천장 소리의 비밀 '입천장 영어 듣기'	페이지	공부한 날	
Day 060	**Nice to meet you.** meet you [밋-유]? [미-츄]?	156	월	일
Day 061	**And you?** And you? [앤-유]? [앤-쥬]?	158	월	일
Day 062	**tree** tree [트리]? [츄리]?	160	월	일
Day 063	**dream** dream [드림]? [쥬림]?	162	월	일

	Chapter 12. 우리에게 익숙해진 '잘못된 발음'	페이지	공부한 날	
Day 064	**together** together가 [트게덜]로 들려요.	166	월	일
Day 065	**potato** potato가 [프테이로우]로 들려요.	168	월	일
Day 066	**typically** typically가 [티피끌리]로 들려요.	170	월	일
Day 067	**Croatia** Croatia가 [크로우에이샤]로 들려요.	172	월	일
Day 068	**basic** basic이 [베이식]으로 들려요.	174	월	일
Day 069	**market** market이 [마낏]으로 들려요.	176	월	일
Day 070	**island** island가 [아일런드]로 들려요.	178	월	일
	Chapter 13. 원어민만 아는 '축약형 소리 듣기'	페이지	공부한 날	
Day 071	**I'll, you'll, we'll** will 축약형 듣기	182	월	일
Day 072	**he'll, she'll, they'll** will 축약형 듣기	184	월	일
Day 073	**it'll, that'll** will 축약형 듣기	186	월	일
Day 074	**I'd, you'd, we'd** would, had 축약형 듣기	188	월	일
Day 075	**he'd, she'd, they'd** would, had 축약형 듣기	190	월	일
Day 076	**it'd / that'd** would, had 축약형 듣기	192	월	일
Day 077	**I've, you've, we've** have 축약형 듣기	194	월	일

Chapter 14. 쉬운 단어지만 안 들리는 '된소리로 바뀌는 소리'		페이지	공부한 날	
Day 078	**speak** speak가 [스삐크]로 들리는 이유	198	월	일
Day 079	**paper** paper가 [페이뻘]로 들리는 이유	200	월	일
Day 080	**keep in touch** keep in이 [키 삔]으로 들리는 이유	202	월	일
Day 081	**style** 강남스타일이 [강남스빠일]로 들리는 이유	204	월	일
Day 082	**doctor** doctor가 [닥떨]로 들리는 이유	206	월	일
Day 083	**contact us** contact us가 [칸택떠스]로 들리는 이유	208	월	일
Day 084	**sky** sky가 [스까이]로 들리는 이유	210	월	일
Day 085	**beaker** beaker가 [비껄]로 들리는 이유	212	월	일
Day 086	**look at** look at이 [르깻]으로 들리는 이유	214	월	일
Chapter 15. 원어민의 귀를 빌린다 '특급 비밀 누설'		페이지	공부한 날	
Day 087	**the United States of America** 모음 앞 전치사 of는 물 흐르듯 연결시켜라	218	월	일
Day 088	**Out of sight, out of mind.** 자음 앞 전치사 of는 그냥 [어]로 연결시켜라	220	월	일
Day 089	**the Pentagon** Pentagon이 [페너간]으로 들리는 이유	222	월	일
Day 090	**percent of** percent of가 [펄세넙]으로 들리는 이유	224	월	일
Day 091	**second of all** second of all이 [쎄커너벌]로 들리는 이유	226	월	일

Day 092	**Manhattan** Manhattan [맨해튼 / 맨햇은] - 목에서 끊기는 소리 ①	228	월	일
Day 093	**partner** partner [팔트널 / 팔은-널] - 목에서 끊기는 소리 ②	230	월	일
Day 094	**smart guy** smart guy [스마트 가이 / 스맛-가이] - 목에서 끊기는 소리 ③	232	월	일
Day 095	**fortunately** '-ly'앞에 있는 t 소리 들어보기	234	월	일
Day 096	**badly** '-ly'앞에 있는 d 소리 들어보기	236	월	일
Day 097	**before** before가 [버포]로 들리는 이유	238	월	일
Day 098	**spaghetti** spaghetti가 [스쁘게리]로 들리는 이유	240	월	일
Day 099	**cap vs. cab** cap과 cab 소리 구분하기	242	월	일
Day 100	**valet parking** valet parking이 [밸레이 파낑]으로 들리는 이유	244	월	일

원어민 MP3와 저자 해설강의를 들어보세요.

Chapter 01

왕초보 0순위 기술 '달라지는 소리 잡기'

DAY 001

cheetah
치타

cheetah가 [치~라]로 들리는 원리

영어 리스닝에도 기술이 있습니다.
Day 1에서 알려드릴 기술은 '모음 사이의 /t/를 굴려라!'입니다.
절대 어렵지 않아요! 치타(cheetah)로 쉽게 시작하겠습니다.

chee**t**ah

t가 모음 사이에 있죠?

t의 위치를 보세요. 모음 사이에 있군요.
이때 원어민은 혀끝으로 입천장을 살짝 튕기듯 발음해요.
이것을 '굴린다'로 표현하겠습니다.

🐧 위에서 배운 내용을 적용해서 연습해보세요.

단어	예상 발음	배운 내용 적용해보기
cheetah 치타	치~타	치~라
heater 히터	히~털	히~럴
sensitive 민감한	센서팁	센서립

Practice

 회화 문장으로 연습해보세요.

I love Italy. 저는 이탈리아가 좋아요.
이를리

It's a sensitive issue. 그건 민감한 문제예요.
센서리브

Would you send me a letter? 나에게 편지 보내줄래요?
레럴

 문장을 듣고 받아 써보세요.

① There is a _____ nearby.

② It begins with a _____ _____.

③ _____ is a _____ _____.

발음 TIPS

나라 이름 공부법: 나라 이름 + 형용사 + 수도

나라 이름 영어 발음 공부하는 팁을 알려드릴게요. 나라 이름은 항상 그 나라의 형용사 발음까지 익히시고, 그 나라의 수도가 유명하다면 Japan - Japanese - Tokyo와 같이 수도의 발음까지 세트로 연습하세요.

Italy - Itálian - Rome
이를리   이탤리언   뤄움

정답
① There is a hospital nearby. 근처에 병원이 있어요. 💬 하스삐를
② It begins with a capital letter. 그것은 대문자로 시작해요. 💬 캐~삐를 레럴
③ Seattle is a beautiful city. 시애틀은 아름다운 도시예요. 💬 시애를, 뷰리풀 씨리

MP3 & 저자강의 Day 002

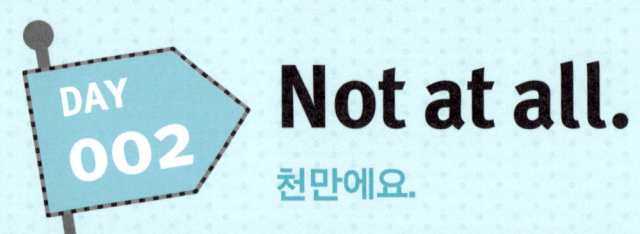

DAY 002
Not at all.
천만에요.

Not at all.이 [나래럴]로 연음되는 원리

Day 1에서 '모음 사이의 /t/를 굴린다'라는 아주 유용한 영어 리스닝 방법을 배웠습니다. 그렇다면 Not at all.처럼 단어들의 소리를 연결할 때도 가능할까요? 물론 당연히 가능합니다! cheetah처럼 단어에서 가능하다면, 문장에서도 가능합니다. 아래를 보시죠.

Not at all.

t가 모두 모음 사이에 있습니다.

위에서 배운 내용을 적용해서 연습해보세요.

단어	배운 내용 적용해보기
not at에서 /t/를 굴리면	나랫
at all에서 /t/를 굴리면	애럴
not at all은	나래럴

Practice

💬 회화 문장으로 연습해보세요.

I appreciate it. 감사해요.
어푸뤼쉬에이릿

What a great idea! 훌륭한 생각이에요!
와러 구뤠이라이디아

I don't know what it is. 그게 뭔지 몰라요.
와리리즈

📝 문장을 듣고 받아 써보세요.

❶ Can you guess _____ _____ _____ ?

❷ It was a _____ _____.

❸ The train leaves _____ _____ _____.

 발음 TIPS

왕초보에게 어려운 단어 발음 연습: appreciate

이 단어의 발음 포인트는 두 번째 음절에 강세가 있다는 것입니다.

a-ppre-ci-ate
어 – 푸뤼 – 쉬 – 에잇

예문 I appreciate your kindness. 당신의 친절에 감사합니다.
예문 I would appreciate it if you could give me a piece of advice.
당신이 제게 충고 한마디 해줄 수 있으시다면 감사하겠습니다.

🔔 정답
① Can you guess what it is? 그게 뭔지 맞힐 수 있나요? 💬 와리리즈
② It was a great experience. 그것은 훌륭한 경험이었어요. 💬 구뤠이릭스삐얼이언스
③ The train leaves at eight o'clock. 그 기차는 8시에 떠난다. 💬 에레이러클락

DAY 003

soda
탄산음료

soda가 [쏘우라]로 들리는 원리

Day 1에서 '모음 사이의 /t/를 굴려라'고 했습니다. cheetah가 [치~라]로 들리는 원리를 설명드렸는데요. 이와 똑같은 원리로 모음 사이의 /d/도 굴려집니다. 모음 사이에 /d/가 있는 단어 위주로 먼저 살펴보겠습니다.

soda

d가 모음 사이에 끼어있죠?

d의 위치도 마찬가지입니다. 모음 사이에 있습니다.
이때 원어민은 혀끝으로 입천장을 살짝 튕기듯 발음해요.
원래 발음이라면 [쏘우다]로 들리겠지만,
/d/가 굴려진다면 [쏘우라]로 들릴 수 있습니다.

위에서 배운 내용을 적용해서 연습해보세요.

단어	예상 발음	배운 내용 적용해보기
soda 탄산음료	쏘우다	쏘우라
body 신체	바~디	바~리
ladder 사다리	래~덜	래~럴

Practice

💬 회화 문장으로 연습해보세요.

I love you, da<u>dd</u>y. 아빠, 사랑해요.
대~리

I got a hea<u>d</u>ache. 두통이 있어요.
헤레이크

Turn on the ra<u>d</u>io. 라디오를 켜요.
뤠이리오우

📝 문장을 듣고 받아 써보세요.

① Keep your _____ warm.

② His name is _____.

③ I need to _____ this report.

발음 TIPS

통증 관련 영어 단어

'-ache'의 발음은 [-eik, 에이크]입니다. headache 같은 경우는 모음 사이에 /d/가 와서 [헤레이크]라고 발음됩니다. 위에서 배운 headache 외에 다른 어휘도 발음 연습을 해보겠습니다.

backache   toothache   stomachache
배께이크   투쎄이크   스떠미께이크

🔔 정답
① Keep your <u>body</u> warm. 당신의 몸을 따뜻하게 유지하세요. 바리
② His name is <u>Adam</u>. 그의 이름은 아담이에요. 💬 애~름
③ I need to <u>edit</u> this report. 난 이 보고서를 편집할 필요가 있어요. 💬 에릿

🎧 MP3 & 저자강의 Day 004

 # I'm good at it.
난 그걸 잘 해요.

good at it이 [그래릿]으로 연음되는 원리

'굴린다'는 느낌, 잘 따라오고 있으신가요?
영어에서 굴려지는 소리는 결국 딱 두 개로 정리됩니다. 무엇이었나요?
그렇습니다. /t/와 /d/입니다!
Day 4에서는 모음 사이의 /d/가 굴려져서 연음되는 원리를 훈련시켜드리고자 합니다.

I'm good at it.

d가 모음 사이에 있어서 굴려지며 연음된다.

🗣 위에서 배운 내용을 적용해서 연습해보세요.

단어	배운 내용 적용해보기
good at에서 /d/를 굴리면	그랫
at it에서 /t/를 굴리면	애릿
good at it은	그래릿

Practice

 회화 문장으로 연습해보세요.

How did it go? 그거 어떻게 됐어?
하우리릿

I like fried eggs. 난 달걀 프라이를 좋아해.
프라이렉~스

It's a bad idea. 그건 나쁜 생각이야.
배라이디아

 문장을 듣고 받아 써보세요.

① My English is _____ _____.

② Fresh _____ _____ my favorite.

③ Forget I _____ _____.

발음 TIPS

idea의 /d/는 굴리면 안 되는 이유

여러분은 지금 '모음 사이의 /d/는 굴린다'고 배우고 있습니다. 그런데 사실 idea의 /d/도 모음 사이입니다. 그러나 원어민은 [아이리아]라고 하진 않습니다. 이유는 '강세'입니다. /d/ 소리에 강세가 있으면 굴리지 않습니다.

예문 This book is ideal for beginners. 이 책은 초보자에게 이상적이다.
/d/가 모음 사이에 있지만 idéal과 같이 /d/ 소리에 강세가 있어 굴리지 않습니다.

정답 ① My English is good enough. 내 영어는 충분히 좋다. 그리너프
② Fresh bread is my favorite. 신선한 빵은 내가 제일 좋아하는 것이다. 브뤠리스
③ Forget I said anything. 내가 말했던 건 잊어버려. 쎄레니씽

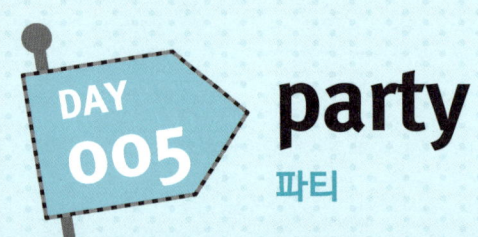

DAY 005

party
파티

party가 [파~리]로 들리는 원리

앞에서 우리는 '모음+t+모음'일 때, 즉 모음 사이의 /t/를 굴리는 것을 배웠습니다. 여기에 하나만 더 추가하도록 하겠습니다. r과 모음 사이의 /t/ 역시 굴릴 수 있습니다. 아래에서 더욱 쉽게 이해시켜 드려보겠습니다.

pa*rt*y
t가 r과 모음 사이에 있습니다.

여러분도 평소에 '파티'를 '파리'라고 하셨죠?
바로 그겁니다. 여기에 원리를 적용해 보겠습니다.
t가 r과 모음 사이에 있을 때는 /t/를 굴릴 수 있습니다.

🗣️ 위에서 배운 내용을 적용해서 연습해보세요.

단어	예상 발음	배운 내용 적용해보기
party 파티	파~티	파~리
dirty 더러운	더~티	더~리
turtle [tərtəl] 거북이	터~틀	터~를

Practice

 회화 문장으로 연습해보세요.

Marty is a good friend. 마티는 좋은 친구예요.
마리

You're <u>smarter</u> than me. 넌 나보다 똑똑해.
스마럴

Do you want to be a <u>reporter</u>? 넌 기자가 되고 싶어?
뤼포~럴

📝 문장을 듣고 받아 써보세요.

❶ My father was born in _____.

❷ I work at the _____ company.

❸ Michelangelo is one of the famous _____ in the world.

발음 TIPS

/f/ 발음 신경 쓰기

우리는 '친구'를 [프렌드]라고 하지만, 사실 friend의 발음을 한글로 쓸 수는 없어요. friend는 프렌드도 아니고 후렌드도 아니죠. '윗니+아랫입술'을 사용하여 발음해야 하는 /f/를 함께 연습해보겠습니다.

fashion / **p**assion   **f**ee / **p**ee
패션   열정   요금   소변보다

 정답
① My father was born in <u>1949</u>. 아버지는 1949년에 태어나셨다. 💬 (forty) 포리
② I work at the <u>startup</u> company. 나는 그 스타트업 회사에서 일한다. 💬 스따럽
③ Michelangelo is one of the famous <u>artists</u> in the world. 미켈란젤로는 세계에서 가장 유명한 예술가 중 하나이다. 💬 아리숫스

For here or to go?
드시고 가세요, 가져가세요?

or to가 [오어루]로 연음되는 원리

> 미국 패스트푸드 점에 가면 가장 흔하게 들을 수 있는 말이 "For here or to go?"입니다.
> 영어 리스닝이 약한 분들은 [히어루고]가 무슨 말이냐고 물으시지요.
> 이제는 여러분도 들으실 수 있게 만들어 드리겠습니다. r과 모음 사이의 /t/는 굴려집니다.
> 그런데 단어와 단어 사이에서도 굴려지는데요.

For here or to go?

t가 r과 모음 사이에 있어서 굴려지며 연음된다.

or의 r과 to의 o 사이에 t가 끼어있습니다.
이때 /t/가 굴려지기 때문에 우리 귀에 [오어 루]처럼 들릴 수 있습니다.
이젠 소리가 바뀌어도 문제없이 리스닝 할 수 있겠지요?

🗣 위에서 배운 내용을 적용해서 연습해보세요.

단어	예상 발음	배운 내용 적용해보기
or to	오어 투	오어 루
report it	리포~팃	리포~릿
sort out	쏘~타웃	쏘~라웃

# Practice

 회화 문장으로 연습해보세요.

I was born in the hear**t** of Gangnam. 난 강남 중심부에서 태어났어.
하럽

My favorite desser**t** is ice cream. 내가 좋아하는 디저트는 아이스크림이야.
디저~리즈

I am here **t**o study English. 난 영어 공부를 하기 위해 여기 왔어.
히어루 [hiər tuː]

 문장을 듣고 받아 써보세요.

① The Sahara _____ _____ very dry.

② We can _____ _____ hands if we don't wear gloves.

③ It is the biggest _____ _____ Seoul.

발음 TIPS

desert vs. dessert

초보자들에게 비슷한 스펠링은 참 헷갈리지요. desert와 dessert는 s 하나 더 있고 없고에 따라 뜻도 달라지고 발음도 달라집니다. 우선 s가 한 개인 desert는 '사막'이란 뜻이고 강세 위치가 첫 번째입니다. 그리고 s가 두 개인 dessert는 '디저트'란 뜻이고 강세 위치가 두 번째입니다.

dé-sert   **de-ssért**
데-절~트   디-절~트

🌸 정답
① The Sahara desert is very dry. 사하라 사막은 매우 건조하다. 💬 데저리즈
② We can hurt our hands if we don't wear gloves. 우린 장갑을 끼지 않는다면 손을 다칠 수 있어요. 💬 허라우얼
③ It is the biggest mart in Seoul. 그것은 서울에서 가장 큰 마트입니다. 💬 마~린

garden이 [가~른]으로 들리는 원리

영화나 미드에서 들어보면 garden이 우리말 [가든]처럼 들리지 않을 때가 많습니다. [가른]처럼 들리기도 하는데요. /d/가 r과 모음 사이에 있을 때 그렇게 들린다는 사실, 알고 계셨나요?

garden

d가 r과 모음 사이에 있습니다.

이때 원어민은 혀끝으로 입천장을 살짝 튕기듯 발음합니다.
원래 발음이라면 [가~든]으로 들리겠지만,
/d/가 굴려진다면 [가~른]으로 들릴 수 있습니다.

위에서 배운 내용을 적용해서 연습해보세요.

단어	예상 발음	배운 내용 적용해보기
garden 정원	가~든	가~른
wording 워딩	워~딩	워~링
hurdle [hərdəl] 허들	허~들	허~를

Practice

💬 회화 문장으로 연습해보세요.

Don't be tar<u>d</u>y. 늦지 마세요.
타~리

Nice bir<u>d</u>ie! 나이스 버디!
버~리

I'd like to or<u>d</u>er a pizza. 피자 주문할게요.
오어~러

 문장을 듣고 받아 써보세요.

① This desk looks very _____.

② Let's work out _____ and lose some weight.

③ I don't want to be a _____ to you.

very의 /r/ 발음 방법

very가 [베리]처럼 발음되시나요? 이렇게 해 보세요.
① 일단 'ver-'까지 발음하고,
② r 발음을 하고 있을 때 혀끝이 아무 데도 닿지 않는다는 것 확인 후,
③ [리]가 아니라 [이]를 붙이면 끝!

예문 You are very good at speaking English. 넌 영어를 말하는 데 매우 능숙하다.

🔔 정답 ① This desk looks very <u>sturdy</u>. 이 책상은 매우 견고해 보인다. 💬 스떠~리
② Let's work out <u>harder</u> and lose some weight. 운동 더 열심히 해서 살 빼자. 💬 하~러
③ I don't want to be a <u>burden</u> to you. 난 너에게 부담이 되고 싶지 않아. 💬 버~른

DAY 008

Where do you live?
어디 살아요?

where do가 [웨어~루]로 연음되는 원리

'어디 사세요?'는 쉬운 표현임에도 잘 안 들릴 때가 있었나요? 충분히 그러실 수 있습니다. [웨어 두 유 리브]로 들릴 것 같지만, 빠른 영어에서는 [웨어루유립]처럼 들릴 수 있거든요! 왜 do가 [루] 처럼 들리는 것일까요?

Where do you live?

d가 r과 모음 사이에 있어서 굴려지며 연음된다.

바로 앞에서 r과 모음 사이의 /d/를 굴린다고 했는데
이는 단어와 단어가 만났을 때도 가능합니다.
발음은 [웨어루유립]처럼 됩니다.

 위에서 배운 내용을 적용해서 연습해보세요.

단어	예상 발음	배운 내용 적용해보기
where do	웨어~두	웨어~루
bird is	버~디스	버~리스
reward of	리워~덥	리워~럽

Practice

 회화 문장으로 연습해보세요.

I've never hear<u>d</u> of it. 들어본 적이 없어요.
허럽

I'm tire<u>d</u> of studying English grammar.
타이어럽
난 영문법 공부에 지쳤어.

Where <u>d</u>o you see yourself in 5 years?
웨어~루
당신은 5년 후에 무얼 하고 있을 것 같나요?

📝 문장을 듣고 받아 써보세요.

① My son _____ a middle school in Seoul.

② I worked _____ _____.

③ My father is _____ _____ the age of 60.

발음 TIPS

grammar의 발음은 [그래마]일까 [그램마]일까?

m이 두 개니까 [그램마]로 발음할 수도 있을 거 같은데요. 그러나 원어민은 m이 두 개여도 한 번만 발음합니다. [그래마]가 맞는 발음입니다. 아래 단어로 더 연습해보세요.

summer	running	Madonna
[써머] ○	[러닝] ○	[머다~나] ○
[썸머] ×	[런닝] ×	[마돈~나] ×

🔔 **정답**
① My son <u>entered</u> a middle school in Seoul. 내 아들은 서울의 중학교에 입학했다. 💬 엔터~러
② I worked <u>hard enough</u>. 나는 충분히 열심히 일했어요. 💬 하~리너프
③ My father is <u>retired</u> <u>at</u> the age of 60. 아버지는 60세에 은퇴하셨어요. 💬 뤼타이어랫

원어민 MP3와 저자 해설강의를 들어보세요.

Chapter 02

영어 듣기의 핵심 '소리 연결법'

즐겁게 보내요!

have fun이 [해펀] - 같은 소리 연결법

Day 9부터는 '소리 연결법'을 배웁니다. 소리 연결법을 터득하면 비로소 영어가 들리는 재미가 생기게 될 것이라 확신합니다. Have fun!은 '재밌는 시간 보내!'라는 의미의 영어 표현입니다. 그런데 들어보면 [해브펀]이 아니라 [해펀]처럼 들립니다. 왜 그럴까요?

Have fun!

v와 f는 같은 위치에서 소리가 난다.

v를 발음할 때 '윗니+아랫입술'이 터치되잖아요? f도 마찬가지이고요.
'윗니+아랫입술'을 쓰는 소리는 v와 f입니다.
같은 소리 및 같은 위치의 소리면 한 번만 들립니다.

🐧 위에서 배운 내용을 적용해서 연습해보세요.

단어	예상 발음	배운 내용 적용해보기
have fun	해브 펀	해~펀
have vitamin	해브 바이러민	해~바이러민
is so [iz sou]	이즈 쏘우	이~쏘우

# Practice

 회화 문장으로 연습해보세요.

I love fruits. 난 과일을 좋아해.
러~프룻스

See you next time. 다음 시간에 만나요.
넥스타임

I want to know more about you. 난 너에 대해 더 많이 알고 싶어.
원~투

문장을 듣고 받아 써보세요.

① Summer is full _____ _____.

② Conor McGregor is a _____ _____.

③ Mount Paektu is an _____ _____.

about you 발음

about you의 발음은 [어바웃 유]일까 [어바우 츄]일까요?
결론부터 말씀드리면 둘 다 맞습니다.
about과 you를 굳이 연결하고 싶지 않다면 [어바웃 유]가 되는 것이고,
about과 you를 연결하고 싶다면 [어바우 츄]가 되는 것입니다.

Nice to meet you.
[밋 유 / 미 츄]

🔊 정답 ① Summer is full <u>of fun</u>. 여름은 재미로 가득하다. 💬 어~펀
② Conor McGregor is a <u>creative fighter</u>. 코너 맥그리거는 창조적인 파이터이다. 💬 크리에이리~파이럴
③ Mount Paektu is an <u>active volcano</u>. 백두산은 활화산이다. 💬 액띠~발케이노우

once upon a time
옛날 옛적에

once upon a가 [원써파너] – 앞소리 뒤로 연결법

'옛날 옛적에'로 시작하는 동화에서 자주 보는 표현이 once upon a time입니다. 한국인은 [원스 어폰 어 타임]이라고 읽는데, 원어민은 [원써파너 타임]이라고 읽습니다. 타임 빼고는 들러붙는 느낌이죠? 오백 원이 [오배권]으로 연음되는 것과 같은 이치입니다. 이 소리 연결법을 꼭 기억하세요! 앞 단어의 끝 자음이 모음 쪽으로 달라붙습니다.

on‿ce‿upon‿a time

앞 단어의 끝 자음이 모음 쪽으로 달라붙는다.

① once upon 붙이기: once의 /-s/를 upon으로 붙이면 [원써판]
② upon a 붙이기: upon의 /-n/을 a로 붙이면 [어파너]
→ 한꺼번에 하면 [원써파너]

위에서 배운 내용을 적용해서 연습해보세요.

단어	예상 발음	배운 내용 적용해보기
once upon a	원스 어판 어	원써파너
look at	룩 앳	르 깻
it's already	잇스 얼뤠리	잇 썰뤠리

Practice

 회화 문장으로 연습해보세요.

Take it from me. 내 말을 믿어도 돼.
  테이 낏

I **wake up** early in the morning. 나는 아침에 일찍 일어나.
  웨이껍

It **depends on** what you want to do in the future.
  디펜전
그건 네가 미래에 뭘 하길 원하느냐에 따라 달려있어.

문장을 듣고 받아 써보세요.

① What are the _____ _____ in this city?

② You need to _____ _____ _____ this opportunity.

③ The dessert _____ _____ _____ _____ _____ .

발음 TIPS

depends의 /d/ 발음 방법

결론부터 말씀드리면 /d/는 빼면 됩니다. /nds/의 자음 셋이 붙어 있으면 가운데 자음인 /d/가 들리지 않기 때문인데요. 뒤에서도 나오지만 예습하는 기분으로 미리 배워봅시다.

| friends | seconds | pounds |
| [프렌스] | [세컨스] | [파운스] |

정답
① What are the tourist attractions in this city? 이 도시의 관광명소는 무엇인가요? 투얼-이스 떠츄뤡션즈
② You need to take advantage of this opportunity. 넌 이 기회를 이용할 필요가 있어. 테이깟-밴티쥡
③ The dessert is a work of art. 그 디저트는 예술품이야. 이저 윌꺼바~트

DAY 011

I liked it.

난 그게 좋았어요.

liked it이 [라익 띳] - 앞소리 뒤로 연결법

> 연음을 익히는 가장 좋은 방법은 무엇일까요? 저는 동사에 붙은 '-ed'를 공략하라고 말씀드리고 싶습니다. 여기에 소리 연결법, 즉 연음의 비밀이 숨어 있습니다. 원어민과는 달리 우리는 후천적으로 연습해서 연음을 반드시 익혀야 합니다. '-ed'도 마찬가지입니다. 앞 단어의 끝 자음인 '-ed'가 → 모음 쪽으로 달라붙습니다.

I liked it.

앞 단어의 끝 자음인 '-ed'가 모음 쪽으로 달라붙는다.

위에서 배운 내용을 적용해서 연습해보세요.

단어	예상 발음	배운 내용 적용해보기
liked it	라익트 잇	라익 띳
looked at	룩트 앳	룩 땟
loved it	러브드 잇	러브 딧

Practice

💬 회화 문장으로 연습해보세요.

I lived in Seoul for 10 years. 난 서울에 10년 동안 살았어.
리브 딘

I slipped on the floor. 바닥에서 미끄러졌어.
슬립 떤

The toilet is clogged again. 그 변기가 또 막혔어.
클락 떠겐

✏️ 문장을 듣고 받아 써보세요.

① The conference _____ _____ 7 pm.

② I _____ _____ when I _____ _____.

③ Reservations can be _____ _____.

 발음 TIPS

conference 발음

우리가 conference를 발음할 때엔 앞의 confer가 눈에 먼저 들어오다 보니 흔히 [컨퍼런스]라고 발음합니다. 그러나 원어민의 시야에서는 conference에서 앞의 'e'가 없는 것처럼 발음하죠. 마치 con-frence처럼 말이지요. 목소리에 힘도 'con-[칸–]'에서 한 번, 그리고 '-ference[–푸륀스]'에서 한 번, 총 두 번만 넣습니다.

예문 **The conference will be held in Sydney.** 그 회의는 시드니에서 열릴 예정이다.
예문 **I met her at a conference.** 난 그녀를 한 학회에서 만났다.

🔑 정답
① The conference <u>finished at</u> 7 pm. 그 회담은 저녁 7시에 끝났다. 💬 피니쉬 땟
② I <u>changed it</u> when I <u>moved out</u>. 내가 이사했을 때 그걸 바꿨어. 💬 체인쥐 딧, 무브 다웃
③ Reservations can be <u>booked online</u>. 예약은 온라인으로 할 수 있습니다. 💬 북 떤라인

MP3 & 저자강의 Day 012

DAY 012
sitcom
시트콤

sitcom이 [싯캄] – 끊어 연결법

Day 12에서 설명드릴 소리 연결법은 '끊어 연결법'이라는 건데요. 끊는데 어떻게 연결된다는 말일까요? 아주 쉽게 설명 드리겠습니다.
sitcom을 우리는 [시트콤]이라고 하지요. 하지만 원어민은 [씻–캄]이라고 합니다.

sit"com

sit-[씻]까지 발음하면 혀끝이 앞 윗니 뒤에 딱 달라붙어있죠?

sit-[씻] 혀끝 꽉 붙이고 멈춰 있다가
→ 나머지 -com[캄]만 읽으면 끝!

 위에서 배운 내용을 적용해서 연습해보세요.

단어	예상 발음	배운 내용 적용해보기
sitcom 시트콤	씨트캄	씻(멈추고)캄
Batman 배트맨	배트맨	배앳(멈추고)맨
network 네트워크	네트워크	넷(멈추고)워크

Practice

💬 **회화 문장으로 연습해보세요.**

We play ba<u>d</u>minton every morning.
배앳(멈추고)민튼   우리는 매일 아침 배드민턴을 해요.

How much is the a<u>d</u>mission fee? 입장료는 얼마인가요?
앳(멈추고)미션

I began working out at a fi<u>t</u>ness center.
헬스장에서 운동을 시작했어.   핏(멈추고)니스

📝 **문장을 듣고 받아 써보세요.**

❶ When is your _____?

❷ I want to be in the _____.

❸ _____ is the largest city in Australia.

 발음 TIPS

working out at a를 연음하는 법

out at a를 읽다보면 자연스럽게 연음을 해보고 싶다는 생각이 들게 됩니다. Day 2에서 '모음 사이의 /t/를 굴려라'를 배운 바 있습니다. out의 /t/를 굴리고 at의 /t/를 굴리면 어떻게 연음될까요? out at a는 [아우래러]로 연음됩니다.

예문 I like eating out at a restaurant. 나는 레스토랑에서 외식하는 것을 좋아한다.
예문 Let's hang out at a park. 공원에서 놀자.

🏆 정답
① When is your <u>deadline</u>? 당신의 마감기한은 언제입니까? 💬 뎃(멈추고)라인
② I want to be in the <u>spotlight</u>. 난 주목 받고 싶어요. 💬 스빳(멈추고)라잇
③ <u>Sydney</u> is the largest city in Australia. 시드니는 호주에서 가장 큰 도시이다. 💬 씻(멈추고)니

🎧 MP3 & 저자강의 Day 013

played the piano
피아노를 연주했다

played the가 [플레잇 더] – 끊어 연결법

'피아노를 연주하다'가 play the piano라면, '피아노를 연주했다'는 play에 '-ed'를 붙여 played the piano가 됩니다. 그럼 이 소리는 어떻게 들릴까요? [플레이드 더]로 들릴까요? 그렇지 않습니다. Day 12에서 배운 내용과 유사한 끊어 연결법이 적용됩니다. played-[플레잇]까지 하고 혀끝 꽉 붙이고 멈춰 있다가 the[더]로 마무리하면 됩니다.

play**ed**″ the

played-[플레잇] 까지 발음하면
혀끝이 앞 윗니 뒤에 딱 달라붙어 있죠?

꽉 붙이고 떼지 말고 있다가
→ 나머지 the[더]만 읽으면 끝!

🐧 위에서 배운 내용을 적용해서 연습해보세요.

단어	예상 발음	배운 내용 적용해보기
played the	플레이드 더	플레잇(멈추고) 더
stayed there	스테이드 데어~	스떼잇(멈추고) 데어~
treated him	츄리~티드 힘	츄뤼~릿(멈추고) 힘

Practice

💬 회화 문장으로 연습해보세요.

We part<u>ed</u> ways. 우리는 갈라섰어.
파~릿 웨이스

I stud<u>i</u>ed hard all day long. 난 하루 종일 열심히 공부했어.
스떠릿 하~드

I rent<u>ed</u> goggles and skis for you.
뤤팃 가글스   나는 널 위해 고글과 스키를 빌렸어.

 문장을 듣고 받아 써보세요.

❶ They _____ _____ nothing.

❷ The boss _____ _____ offer.

❸ I _____ _____ sleep.

📢 발음 TIPS

gargle 발음

우리는 goggle을 '고글'이라고 하지만, 실제 영어 발음은 [가글]입니다. 그렇다면 우리가 입을 헹굴 때 쓰는 [가글]은 영어로 뭘까요? gargle입니다. 그러면 goggle과 gargle의 발음이 같을까요? 아니요, 다릅니다. goggle은 r 발음이 전혀 없는 [가~글]인 반면, gargle은 gar~ 할때 r 발음이 제대로 꽉 들어간 후 [-글]을 발음하시면 됩니다.

예문 Don't forget to wear goggles. 고글 착용하는 것 잊지 마.
예문 Gargle your mouth with clean water. 깨끗한 물로 당신의 입을 헹구세요.

🔔 정답 ① They <u>started from</u> nothing. 그들은 아무것도 없이 시작했다. 💬 스따릿(멈추고)프럼
② The boss <u>accepted my</u> offer. 그 상사는 내 제안을 수락했다. 💬 억쎕띳(멈추고)마이
③ I <u>needed more</u> sleep. 난 잠이 더 필요해. 💬 니~릿(멈추고) 모어~

45

DAY 014 — Trust me.
나를 믿어.

Trust me.에서 /t/가 안 들리는 이유 – 가운데 소리 빼기 연결법

'나를 믿어줘.'라고 할 때 영어로 간단히 Trust me.라고 할 수 있습니다. 근데 원어민들이 말할 때는 [츄러스 미]라고 하지 않던가요? trust의 /-t/가 안 들릴 때가 있는데, 왜 그런 것일까요? 그 이유는 /s, t, m/의 자음 셋이 연속될 때 가운데 자음이 사라질 수 있기 때문입니다.

Tru~~st~~ me.

자음 셋이 연속될 때 가운데 자음이 들리지 않을 수 있다.

위에서 배운 내용을 적용해서 연습해보세요.

단어	예상 발음	배운 내용 적용해보기
trust me	츄러스트 미	츄러스 미
front door	프런트 도어~	프런 도어~
just made	줘스트 메이드	줘스 메이드

Practice

💬 회화 문장으로 연습해보세요.

I just did my best. 난 최선을 다했을 뿐이에요.
줫스 딧

What is your account number? 네 계좌번호가 뭐야?
어카운 넘버~

This must be done by tomorrow. 이건 내일까지 끝내야 해.
머스 비

 문장을 듣고 받아 써보세요.

① Do you _____ _____ to buy lunch today?

② Let's go to the _____ _____.

③ I _____ _____ a new house _____ _____.

must be 발음

must be가 [머스트 비]로 들리면 좋지요. 들리는 대로 그냥 들으시면 됩니다. 그러나 [머스 비]처럼 /t/가 안 들렸을 때, 그땐 지금 소개해 드린 '가운데 소리 빼기 연결법'을 적용시켜서 들으면 쉽게 들을 수 있습니다.

예문 Jane must be nervous. 제인은 긴장했을 거야.
예문 You must be patient. 넌 참을성이 있어야 해.

🔔 정답
① Do you <u>want me</u> to buy lunch today? 내가 오늘 점심을 사길 원하니? 💬 원 미
② Let's go to the <u>department store</u>. 백화점 가자. 💬 디팟~먼 스또어~
③ I <u>just bought</u> a new house <u>last month</u>. 나는 지난달에 새 집을 샀다. 💬 줫스 버엇, 래~스 먼스

MP3 & 저자강의 Day 015

canned food
통조림 식품

canned food에서 /-ed/가 안 들리는 이유 – 가운데 소리 빼기 연결법

canned는 '통조림으로 된'이라는 뜻인데요. 그래서 canned food는 '통조림으로 된 식품', 즉 '통조림 식품'이라는 뜻이 됩니다. 그런데 원어민들은 [캔 푸드]처럼 can에 붙은 '-ed'의 소리를 내지 않습니다. 왜 '-ed'가 안 들리는 걸까요? canned food[kænd fuːd]에서 /n, d, f/ 자음 셋이 연속될 때 가운데 자음이 사라질 수 있기 때문입니다.

can**n**ed **f**ood
[kænd fuːd]

자음 셋이 연속될 때 가운데 자음이 들리지 않을 수 있다.

 위에서 배운 내용을 적용해서 연습해보세요.

단어	예상 발음	배운 내용 적용해보기
canned food [kænd fuːd]	캔드 푸드	캔 푸드
missed me [mist miː]	미스트 미	미스 미
wiped them [waipt ðem]	와이프트 뎀	와입 뎀

Practice

💬 회화 문장으로 연습해보세요.

I chan**ged m**y **mind.** 난 마음이 바뀌었어요.
[tʃeindʒd mai] → [tʃeindʒ mai, 췌인지 마이]

I would like to buy a us**ed ca**r**.** 난 중고차를 사고 싶어요.
[yu:zd kar] → [yu:z kar, 유즈 카~]

Barbara liv**ed th**ere **for a month.** 바버라는 한 달간 거기에 살았다.
[livd ðeər] → [liv ðeər, 리브 데어~]

📝 문장을 듣고 받아 써보세요.

① I _____ _____ ankle.

② I just _____ _____ schedule.

③ My work will be _____ _____ Wednesday.

changed vs. change

위의 예문 중 changed my에서 '-ed'에 해당되는 소리를 빼서 연음을 한다면 change my와 소리가 같게 됩니다. 그래서 발음으로는 구분이 어렵게 되는데요. 이럴 때는 전후 문맥 등을 통해 시제를 파악하여 이해하시면 됩니다.

예문 That changed my life. 그것이 내 삶을 바꿨다.
예문 I will change my plan. 난 내 계획을 변경할 것이다.

🔔 정답
① I sprained my ankle. 발목이 삐었어요. 💬 스쁘뤠인 마이
② I just checked my schedule. 난 막 내 스케줄을 체크했어요. 💬 췌ㅋ 마이
③ My work will be finished by Wednesday. 제 일은 수요일까지 끝날 거예요. 💬 피니쉬 바이

원어민 MP3와 저자 해설강의를 들어보세요.

Chapter 03

꼭 필요한 소리만 듣는 '불필요한 소리 빼기'

DAY 016 students 학생들

students가 [스뚜든스]로 들리는 원리

이 책을 학습하면서 가장 중요한 부분 중 하나는 '잘못된 발음 규칙 바로잡기'입니다. 우리나라 사람 중 '-ts'를 [츠]로 잘못 알고 있는 분이 많은데, 영어에서 저런 발음 규칙은 없습니다. 그냥 한국 사람들이 저렇게 되겠지라고 지레짐작한 것입니다.
/-nts/일 때, 가운데 소리인 /t/를 빼고 끝 /s/를 살려주면 됩니다.

stude**nts**
[stu:də**n**s]

/-nts/일 때 가운데 소리인 /t/는 빼고 /s/ 소리만 발음한다.

위에서 배운 내용을 적용해서 연습해보세요.

단어	발음 기호	배운 내용 적용해보기
students 학생	[stu:-dənts]	[stu:-dəns, **스뚜든스**]
nutrients 영양분	[nu:-triənts]	[nu:-triəns, **누츄리언스**]
tents 텐트	[tents]	[tens, **텐스**]

Practice

 회화 문장으로 연습해보세요.

He wa<u>nts</u> to be a teacher. 그는 선생님이 되길 원해요.
[wɔnts] → [wɔns, 원스]

I'm wearing black pa<u>nts</u>. 나는 검은색 바지를 입고 있어요.
[pænts] → [pæns, 팬스]

He has special tale<u>nts</u>. 그는 특별한 재능이 있어요.
[tælənts] → [tæləns, 탤런스]

 문장을 듣고 받아 써보세요.

❶ My _____ bought me a book.

❷ Tulips have unique _____.

❸ That car has so many _____.

발음 TIPS

patients vs. patience

patients(환자)는 어떻게 발음해야 할까요? /-nts/로 끝나니까 [페이션스]처럼 발음해야 합니다. 그러면 patience(참을성)도 발음이 [페이션스]인데, 서로 발음이 똑같습니다. 이는 소리상으로는 구분할 수 없으며, 전후 문맥으로 구분이 가능합니다.

예문 What is the best way to treat the patients?
그 환자들을 치료할 최고의 방법은 무엇인가요?

예문 Don't test my patience. 내 인내심을 테스트하지 마라.

🔔 정답
① My <u>parents</u> bought me a book. 부모님이 책 한 권을 사 주셨다. 💬 페얼~언스
② Tulips have unique <u>scents</u>. 튤립은 독특한 향이 있다. 💬 쎈스
③ That car has so many <u>dents</u>. 그 차에는 패인 곳들이 너무 많다. 💬 덴스

🎧 MP3 & 저자강의 Day 017

DAY 017

friends
친구들

friends가 [프렌스]로 들리는 원리

friends에서 보듯 [-ndz]일 때도 가운데 [d]를 빼고 발음하면, 그 소리가 바로 원어민이 내는 소리와 같게 됩니다. [-d-]가 빠져도 끝소리는 [-z]이니 [프렌즈]로 해야 하는 게 아닌가 생각할 수 있습니다. 이럴 땐 쉽게 [-z]가 끝에 있으면 목소리에 힘이 들어가지 않는다고 생각해보세요. 가운데 소리인 [-d-]를 빼고 끝 [-z]를 살려주면 됩니다.

frie nd s
[fre nz]

[-ndz]일 때 가운데 소리인 [-d-]가 빠지면 [-z] 소리만 남는다.

그러나 /-z/에는 목소리에 힘을 싣지 않는다.

🐧 위에서 배운 내용을 적용해서 연습해보세요.

단어	발음 기호	배운 내용 적용해보기
trends 트렌드	[trendz]	[trenz, 츄렌스]
grounds 땅	[graundz]	[graunz, 구롸운스]
bends 구부리다	[bendz]	[benz, 벤스]

Practice

💬 회화 문장으로 연습해보세요.

It depe<u>nds</u>. 상황에 따라 다르다.
[di-pendz] → [di-penz, 디펜스]

Sou<u>nds</u> like a plan. 좋은 생각이에요.
[saundz] → [saunz, 사운스]

I feel ten pou<u>nds</u> lighter. 나는 10파운드는 가벼워진 느낌이야.
[paundz] → [paunz, 파운스]

📝 문장을 듣고 받아 써보세요.

① I'll be back in 30 _____ .

② The capital of the _____ is Amsterdam.

③ He _____ me text messages when he's in trouble.

발음 TIPS

text messages의 연음 방법

text의 /-t/는 자음 셋 중에서 가운데 자음이므로 뺄 수 있습니다.
text messages: [tekst me-si-ʤiz] → [teks me-si-ʤiz]
                                    [텍스 메시지스]
message의 발음은 [메세지]가 아닌 [me-siʤ, 메시지]임에도 유의하시기 바랍니다.

예문 I sent her a text message. 나는 그녀에게 문자 메시지를 보냈다.
예문 Didn't you get my text message? 내 문자 메시지 못 받았어?

🔔 정답
① I'll be back in 30 <u>seconds</u>. 저는 30초 후에 돌아올게요. 💬 쎄컨스
② The capital of the <u>Netherlands</u> is Amsterdam. 네덜란드의 수도는 암스테르담이다. 💬 네덜런스
③ He <u>sends</u> me text messages when he's in trouble. 그는 곤경에 처할 때 나에게 문자를 보낸다. 💬 센스

DAY 018 products
제품

products가 [푸롸락스]로 들리는 원리

'-cts' 형태일 때, 이때도 가운데 소리인 /t/가 사라집니다. '-cts'일 때 가운데 소리인 /t/를 빼고 끝 /-s/를 살려주면 됩니다. 그래서 [츠]가 아니라 [스]로 소리가 들리게 되는데요. 예시를 통해 살펴보겠습니다.

produ**cts**
[pradʌks]

'-cts'일 때 가운데 소리인 /t/가 빠지면 /-s/소리만 남는다.

위에서 배운 내용을 적용해서 연습해보세요.

단어	발음 기호	배운 내용 적용해보기
products 제품	[pra-dʌkts]	[pra-dʌks, 푸롸락스]
specs 명세서	[spekts]	[speks, 스뻭스]
neglects 태만히 하다	[ni-glekts]	[ni-gleks, 니글렉스]

Practice

💬 회화 문장으로 연습해보세요.

I'm wearing contacts**.** 나는 콘택트렌즈를 착용 중이야.
[kan-tækts] → [kan-tæks, 칸택스]

My boyfriend acts **like a baby.** 내 남자친구는 애처럼 행동해.
[ækts] → [æks, 액스]

Instagram connects **people from all over the world.**
[kə-nekts] → [kə-neks, 커넥스]   인스타그램은 전 세계 사람들을 연결한다.

✏️ 문장을 듣고 받아 써보세요.

❶ They use unique _____.

❷ That noise _____ other students.

❸ Such criticism should be based on _____.

📢 발음 TIPS

contact lenses는 콩글리시?

contact lenses도 맞습니다. 그러나 보통 contacts라고 짧게 표현하기도 하지요. 주의할 점은 contact lenses의 발음은 [콘택트 렌즈]가 아니라 [칸택 렌지스]입니다. Day 14에서 배운 소리 연결법을 적용하면 /t/가 빠집니다.

[예문] I just found my contact lenses. 난 막 내 콘택트렌즈를 찾았어.
[예문] I use disposable contacts. 난 1회용 콘택트렌즈를 사용해.

🔦 정답 ① They use unique <u>dialects</u>. 그들은 독특한 방언을 사용한다. 💬 다이얼렉스
② That noise <u>distracts</u> other students. 그 소음이 다른 학생들을 산만하게 한다. 💬 디스츄렉스
③ Such criticism should be based on <u>facts</u>. 그러한 비판은 사실에 근거해야 합니다. 💬 팩스

원어민 MP3와 저자 해설강의를 들어보세요.

Chapter 04

발음의 기초를 잡는 '자음 소리 구분하기'

Ryan vs. lion
Ryan vs. 사자

r 발음과 l 발음 구분하기

영어 소리 구분하기의 기초 중의 기초가 바로 r 발음과 l 발음 구분입니다. 그동안 느낌으로만 하셨다면 지금부터는 하나하나 바닥부터 올라가 봅시다! 먼저 r 발음부터 소리 구분하는 법을 배워볼까요?

r i g h t

r의 위치를 보세요. 모음 앞에 있군요!

이때 원어민은 입술을 둥글게 모으고 있다가 '확' 펼치면서 소리를 내요.
[롸잇]과 같은 느낌으로 들리지요.
입술이 오므려졌다가 펼쳐지는 소리라면 right로 들릴 거예요.
만약 그냥 [라잇]처럼 들렸다면 light이겠지요?

 두 단어의 차이를 비교해보세요.

① rice vs. lice

② Ryan vs. lion

③ rain vs. lane

Practice

💬 회화 문장으로 연습해보세요.

Turn <u>r</u>ight on the <u>r</u>ed light. 빨간불에서 우회전하세요.
　　　롸잇　　　　뤳

Just call me <u>R</u>yan. 그냥 라이언이라고 불러주세요.
　　　　　롸이언

You've got the <u>wr</u>ong number. 전화 잘못 거셨어요.
　　　　　　뤙

📝 문장을 듣고 받아 써보세요.

① I've got a _____ .

② I don't know about _____ music.

③ I like fresh _____ fish.

🔊 발음 TIPS

red light 발음

Day 12에서 Sydney 발음을 [시드니]라고 하지 않고 [싯(멈추고)니]라고 했는데, 이와 같은 원리입니다. red light는 [뤳(멈추고)라잇]으로 하면 됩니다. 몇 가지 다른 예를 더 알아보도록 하겠습니다.

red bull	red hair	red color	red bean
뤳(멈추고)불	뤳(멈추고)헤어~	뤳(멈추고)컬러	뤳(멈추고)비인

★ 정답　① I've got a <u>rash</u>. 두드러기가 났다.　💬 lash(채찍끈)으로 잘못 듣지 않도록 조심
　　　② I don't know about <u>rap</u> music. 나는 랩 음악에 대해서는 몰라.　💬 lap(한바퀴)으로 잘못 듣지 않도록 조심
　　　③ I like fresh <u>raw</u> fish. 나는 신선한 회를 좋아해.　💬 law(법)으로 잘못 듣지 않도록 조심

passion vs. fashion
열정 vs. 패션

p 발음과 f 발음 구분하기

/p/ 발음과 /f/ 발음을 구분하는 것은 매우 중요합니다.
/p/는 양 입술이 붙었다 떼어지면서 만들어지죠. 우리말 'ㅍ' 발음과 방법이 사실상 같습니다. 반면 /f/ 발음은 쉽게 말해 '윗니+아랫입술'입니다.
윗니로 아랫입술을 아주 살짝만 깨물어 주세요. 그럼 자연스럽게 발음이 나옵니다.

passion
P는 'ㅍ'과 같은 발음

fashion
f는 무조건 '윗니+아랫입술'

 두 단어의 차이를 비교해보세요.

① passion vs. fashion

② pan vs. fan

③ pear vs. fair

Practice

 회화 문장으로 연습해보세요.

Please peel this orange. 이 오렌지를 까 주세요.
vs. feel

Fill out this form. 이 양식을 작성해 주세요.
vs. pill

I'd like to order the Shark's Fin soup. 샥스핀 수프 주문할게요.
vs. pin

 문장을 듣고 받아 써보세요.

① You walk _____.

② This T-shirt doesn't _____ well.

③ He won the prize at the Cannes _____ _____.

발음 TIPS

orange의 원어민 발음 꿀팁

우리는 [오렌지]라고 하죠. 목소리에 힘을 세 번 쓰는데요. 먼저 발음기호를 보면, [ɔr-indʒ]입니다. 모음이 딱 두 개뿐입니다. 이는 곧 목소리에 힘을 딱 두 번만 써야 한다는 것입니다. 그리고 이 단어는 r 발음을 잘 살리는 것이 관건인데요. 아래 순서대로 하시면 누구나 원어민 발음이 가능합니다.

① 먼저 or [오얼~]을 하시고,
② 바로 [-인~쥐] 하면 끝!

즉, orange는 [오렌지]가 아니라 [오얼~인~쥐]입니다.

정답
① You walk **fast**. 넌 빨리 걷는다. 💬 past(과거)로 잘못 듣지 않도록 조심
② This T-shirt doesn't **fit** well. 이 티셔츠는 잘 맞지 않아요. 💬 우리가 말하는 핏은 fit
③ He won the prize at the Cannes **Film Festival**. 그는 칸영화제에서 수상했다. 💬 필름 페스티벌처럼 잘못 듣지 않도록 조심

63

MP3 & 저자강의 Day 021

blog vs. vlog
블로그 vs. 브이로그

b 발음과 v 발음 구분하기

/b/와 /v/ 역시 구분이 쉽지 않은데요. Day 20에서 배운 패턴과 같습니다.
/p/ 소리가 만들어지는 곳이 양 입술이었죠? /b/도 양 입술입니다.
/f/가 '윗니+아랫입술'이었듯, /v/도 '윗니+아랫입술'입니다.

blog
b는 한글의 'ㅂ'과 가장 비슷한 발음

vlog
v는 무조건 '윗니+아랫입술'

 두 단어의 차이를 비교해보세요.

① **b**log vs. **v**log

② **b**est vs. **v**est

③ **B**[biː] vs. **V**[viː]

Practice

💬 회화 문장으로 연습해보세요.

I saw a white <u>v</u>an. 난 흰색 밴을 봤어요.
　　　　　　vs. ban

Let's <u>v</u>ote! 투표합시다!
　　　vs. boat

I'm a <u>v</u>et. 나는 수의사입니다.
　　　vs. bet

 문장을 듣고 받아 써보세요.

❶ I like _____.

❷ I did my _____.

❸ He is my strong _____.

발음 TIPS

wh 스펠링일 때 h 발음이 안 되는 단어들

우리에게 wh는 /ㅎ/ 발음이라는 공식 아닌 공식이 있습니다. 그러나 의외로 wh 스펠링일 때 h가 발음되지 않는 단어들이 많이 있습니다. 특히 우리말처럼 쓰이는 어휘들을 한번 모아보겠습니다.

wheel	whistle	Whitney
위일~	위슬~	윗-니

🔔 정답　① I like <u>berries</u>. 난 베리를 좋아해.　💬 very(매우)로 잘못 듣지 않도록 조심
　　　　② I did my <u>best</u>. 난 최선을 다 했어.　💬 vest(조끼)로 잘못 듣지 않도록 조심
　　　　③ He is my strong <u>rival</u>. 그는 내 강력한 라이벌이다.　💬 rifle(소총)로 잘못 듣지 않도록 조심

DAY 022 yacht
요트

혓바닥을 올려라!

사전에 알파벳 j처럼 생긴 발음기호 [j]를 보신 적 있으시죠? 그래서 'ㅈ'처럼 발음해야 하는 게 아닌가 하고 생각하실 수 있습니다. 그러나 [j]는 [y]와 같습니다. 발음 방법은 우리말 'ㅠ'와 같은데요. 일단 '우'를 발음해보세요. 혓바닥이 입안 바닥에 깔려 있습니다. 그리고 '유'를 발음해보세요. 혓바닥이 입천장 쪽으로 쭉 올라가죠? 그게 바로 [j]의 소리입니다.

yacht
[jat]
혓바닥을 입천장으로 바짝 올려라!

위에서 배운 내용을 적용해서 연습해보세요.

단어	발음 기호	배운 내용 적용해보기
yacht 요트	[jat], [yat]	야트
beyond ~를 넘어서는	[bi-jand], [bi-yand]	비얀드
you 당신	[ju:], [yu:]	유

Practice

💬 회화 문장으로 연습해보세요.

What did you do yesterday? 어제 뭐 했어?
[ye-stər-dei, je-stər-dei, 예스터데이]

Yellow dust is so dangerous. 황사는 너무 위험하다.
[jelou, yelou, 옐로우]

It was beyond my expectations. 그건 내 기대 이상이었어.
[bi-jand, bi-yand, 비얀드]

✏️ 문장을 듣고 받아 써보세요.

❶ Bill Gates went to Harvard _____.

❷ I have a _____ style.

❸ Cover your mouth when you _____.

발음 TIPS

expectation의 'ex-' 발음

expectation의 'ex-'의 발음은 [엑스-]입니다. 즉, [엑스뻭테이션]이라고 읽어야 합니다. 그러나 동사 expect의 'ex-'는 [익스]라는 점도 독특하므로 꼭 챙겨주세요.

예문 This will live up to my **expectations**. 이것은 나의 기대에 부응할 거야.
[엑스뻭테이션즈]

예문 Don't **expect** too much from that. 그것으로부터 큰 기대를 하지 말라.
[익스뻭트]

🔔 정답 ① Bill Gates went to Harvard <u>University</u>. 빌 게이츠는 하버드대에 다녔다. 💬 유니벌씨리
② I have a <u>unique</u> style. 난 독특한 스타일을 가지고 있어. 💬 유니~익
③ Cover your mouth when you <u>yawn</u>. 하품을 할 때는 입을 가려라. 💬 연

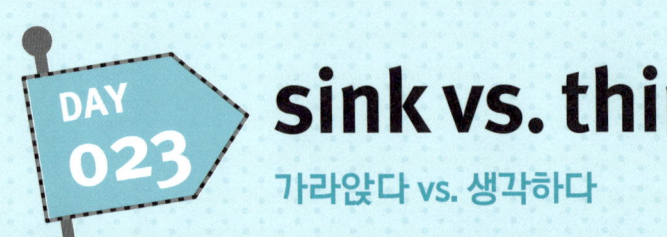

DAY 023 sink vs. think
가라앉다 vs. 생각하다

[s]와 [θ] 소리 구분하기

sink의 [s]와 think의 [θ]는 얼핏 들으면 비슷합니다. 그러나 엄연히 다른 소리이고 반드시 구분해 낼 줄 아셔야 하는 소리들입니다. [s] 소리는 사실상 우리말 'ㅅ' 소리를 만들 때의 그 혀끝 위치와 같습니다. 우리말에 있는 소리는 크게 문제 될 것 없이 쉽습니다.

sink

'싱'할 때 바로 그 위치와 같으므로 전혀 어려움이 없다.

think

앞니로 혀끝을 깨물고 있다가 뽑음과 동시에 소리를 낸다.

[θ]는 먼저 앞니로 혀끝 부분을 살포~시 깨물고 있다가,
코르크 마개 뽑듯 혀끝을 딱 뽑으면서 소리를 냅니다.

 두 단어의 차이를 비교해보세요.

① sink vs. think

② moss vs. moth

③ sigh vs. thigh

Practice

💬 회화 문장으로 연습해보세요.

Thank you. 감사합니다.
vs. **s**ank

Have fai**th**. 신념을 가지세요.
vs. face[feis]

Thaw this frozen meat. 이 냉동육을 해동하세요.
vs. **s**aw

✏️ 문장을 듣고 받아 써보세요.

① I'm good at _____.

② I do one good _____ every day.

③ This is the _____ of my presentation.

aw 스펠링에 해당되는 [ɔ] 발음기호 발음 방법

평소에 [ɔ]를 잘 발음하고 있는지 아닌지를 판단해볼 수 있는 좋은 단어가 있습니다. 바로 law입니다. '법'을 발음할 때 [러어~]처럼 입술을 안 오므리고 소리를 마치고 있다면 잘 하고 있는 것입니다. 혹 low[lou, 로우]처럼 발음했다면, 이것은 잘못된 발음입니다. [ɔ]는 절대 입술을 오므리지 않습니다. 아래 단어들을 대조해 가며 함께 발음해 보겠습니다.

law vs. low	saw vs. so	raw vs. row
[lɔ, 러어~] [lou, 로우]	[sɔ, 써어~] [sou, 쏘우]	[rɔ, 뤄어~] [rou, 뤄우]

🔔 정답
① I'm good at <u>math</u>. 난 수학을 잘 해요. 💬 mass(질량)로 잘못 듣지 않도록 조심
② I do one good <u>thing</u> every day. 난 매일 한 가지 좋은 걸 해요. 💬 sing(노래하다)로 잘못 듣지 않도록 조심
③ This is the <u>theme</u> of my presentation. 이것이 내 프레젠테이션의 주제예요. 💬 seem(~인 것 같다)로 잘못 듣지 않도록 조심

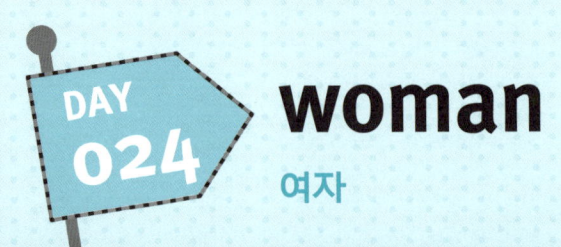

woman은 [우먼]인가 [워먼]인가

> 가장 기초적인 단어인데 발음을 정확히 아는 분은 많지 않습니다. [w]는 [우]가 아닙니다.
> 그래서 원어민 소리를 듣다 보면 잘 안 들리는 경우가 많습니다.
> 그러면 원어민은 어떻게 소리를 낼까요?

woman
[우먼]보다는 차라리 [워먼]

입술을 오므리는 것까지는 맞는데, 여기서 살짝이라도 다시 입술이 펼쳐져야 합니다.
굳이 꼭 한글로 써야만 한다면 [워] 정도가 맞겠습니다.
woman의 발음은 [우먼]보다는 [워먼]의 소리에 더 가깝게 들릴 것입니다.

위에서 배운 내용을 적용해서 연습해보세요.

단어	예상 발음	배운 내용 적용해보기
woman 여자	우먼	워먼
women 여자들	우민	위민
woo 호소하다	우	워우

Practice

💬 회화 문장으로 연습해보세요.

I **would** like to propose a toast. 건배를 제의하고자 합니다.
 [우드]×

I'm not a **wolf** in sheep's clothing!
 [울프]× 난 양의 탈을 쓴 늑대가 아니야!

I **won't** be able to make it in time. 제시간에 못 갈 것 같아요.
 [원트]×

📝 문장을 듣고 받아 써보세요.

❶ It's a _____ sweater.

❷ The _____ became deeper.

❸ Leonardo Dicaprio is a famous _____ actor.

📢 발음 TIPS

clothing의 th 발음 방법

clothing과 비슷한 스펠링이지만 뜻도 다르고 발음도 다른 두 개의 단어가 더 있습니다. 바로 clothes(옷)와 cloth(천)인데요. 이 세 단어는 모두 th 발음이 있지만 발음할 때 조금씩 다르게 해야 합니다.

① clothes(옷) → th 발음이 없습니다. close[klouz]와 발음이 같습니다.
② clothing(의류) → 목소리를 내는 th 발음입니다. [클로우딩](th는 혀끝소리)
③ cloth(천, 헝겊, 식탁보) → 목소리가 없는 th발음입니다. [클러어~쓰](th는 혀끝소리)

🏆 정답
① It's a wool sweater. 그것은 울 스웨터에요. 💬 [울]로 들리지 않음
② The wound became deeper. 상처가 더 깊어졌어요. 💬 [운드]로 들리지 않음
③ Leonardo Dicaprio is a famous Hollywood actor. 레오나르도 디카프리오는 유명한 할리우드 배우이다.
💬 [할리우드]로 들리지 않음

원어민 MP3와 저자 해설강의를 들어보세요.

Chapter 05

발음의 기초를 잡는 '모음 소리 구분하기'

DAY 025

seat vs. sit
자리 vs. 앉다

[iː]와 [i] 소리 구분하기

[iː]에는 '길게 소리 내라'는 신호인 콜론(ː)이 있습니다. 그러다 보니 단순히 [iː]는 길게 들리고 [i]는 짧게 들린다고만 생각할 수 있죠. 물론 가장 중요한 포인트인 것은 맞습니다. 그러나 원어민이 알려주지 않는 비밀이 하나가 더 있는데, 그것은 바로 '양 입 꼬리를 당긴다'는 것입니다. 입 꼬리를 당기면 입술이 팽팽해지죠. 소리가 더 가늘게 들리게 됩니다.

seat

[iː] 소리는 길고 가늘게 들린다.

sit

[i] 소리는 짧고 입술도 쓰지 않는다.

 두 단어의 차이를 비교해보세요.

① sheep vs. ship
② heel vs. hill
③ reach vs. rich

Practice

💬 회화 문장으로 연습해보세요.

I could eat a horse. 배고파 미치겠어.
vs. it [it]

He is 5.8 feet tall. 그는 키가 5.8 피트야.
vs. fit [fit]

They hit it off. 그들은 죽이 잘 맞았어요.
vs. heat vs. eat

 문장을 듣고 받아 써보세요.

❶ It's _____.

❷ Eat _____ vegetables.

❸ _____ it this way.

5.8 읽는 방법

점은 point[포인트]로 읽습니다. 5.8이면 five point eight이라고 읽으면 됩니다. 만약 5.88이라면, 우리도 소수점 뒤를 [팔십팔]이라고 읽지 않고 [팔팔]로 읽듯 영어도 five point eight eight이라고 읽습니다. 만약 0.8이라면 zero point eight이라고도 읽을 수 있지만, 0을 읽지 않고 곧바로 point eight으로 읽을 수도 있습니다.

예문	5.8	five point eight(o), five eight(x)
예문	5.88	five point eight eight(o), five point eighty-eight(x)
예문	0.8	zero point eight(o), point eight(o)

🏆 정답
① It's <u>cheap</u>. 그건 싸요. 💬 chip(감자칩)으로 잘못 듣지 않도록 조심
② Eat <u>green</u> vegetables. 녹색 채소를 먹으세요. 💬 grin(방긋 웃다)으로 잘못 듣지 않도록 조심
③ <u>Peel</u> it this way. 이런 식으로 껍질을 벗기세요. 💬 pill(알약)로 잘못 듣지 않도록 조심

men vs. man
남자들 vs. 남자

[e]와 [æ] 소리 구분하기

men의 [e] 소리는 짧습니다. 길지 않은 느낌이죠. 굳이 입을 크게 벌릴 필요가 없이 작게 벌리면 됩니다. man의 [æ] 소리는 깁니다. 대조해 보면 분명히 긴 느낌이 있습니다. 입을 크게 벌립니다. 딱 들어도 입을 크게 벌리며 소리가 난다는 느낌입니다.

men
[e] 소리는 짧게, 입은 작게

man
[æ] 소리는 길게, 입은 크게

 두 단어의 차이를 비교해보세요.

① **men**[men] vs. **man**[mæn]

② **send**[send] vs. **sand**[sænd]

③ **bend**[bend] vs. **band**[bænd]

Practice

💬 회화 문장으로 연습해보세요.

You b<u>e</u>t. 물론이지.
vs. bat [bæt]

He's my d<u>a</u>d. 우리 아빠야.
vs. dead [ded]

Can you gu<u>e</u>ss? 맞혀볼래?
vs. gas [gæs]

📝 문장을 듣고 받아 써보세요.

❶ I _____.

❷ Where is your _____?

❸ Draw an _____ in your sketchbook.

dad의 /-d/ 발음

첫 번째 예문에 나왔던 bet으로 먼저 설명드려볼게요. bet의 /-t/ 소리는 어떻게 날까요? 우리말 'ㅌ'처럼 공기를 아주 강하게 터뜨려서 소리 냅니다. 여기서 아주 약하게 소리 내면 bed의 발음이 됩니다. dad도 마찬가지입니다. /-t/를 소리 낼 때의 100의 힘에서 약 20%만 쓴다는 마인드로 혀끝으로 가볍고도 부드럽게 소리 내시면 dad의 정확한 원어민 발음이 됩니다. 마치 혀끝을 앞 윗니 뒤에 그냥 댔다가 떼기만 한다는 느낌입니다.

예문 It is time for be<u>d</u>. 잠 잘 시간이야.
예문 Where are you going, da<u>d</u>? 아빠, 어디가세요?

🌟 정답 ① I laughed. 난 웃었어요. 💬 left(leave의 불규칙 과거동사)로 잘못 듣지 않도록 조심
② Where is your pan? 네 팬 어디 있어? 💬 pen(펜)으로 잘못 듣지 않도록 조심
③ Draw an X in your sketchbook. 스케치북에 X를 그리세요. 💬 axe(도끼)로 잘못 듣지 않도록 조심

DAY 027
bus vs. boss
버스 vs. 보스

[ʌ]와 [ɔ] 소리 구분하기

bus의 [ʌ]의 소리는 짧습니다. [ʌ]는 턱을 굳이 내릴 필요 없는 소리입니다.
boss의 [ɔ]의 소리는 깁니다. [ɔ]는 한번 이렇게 해 보세요.
① 일단 숫자 5를 우리말로 발음합니다. 턱이 쭉 내려가면서 입도 오므려져 있죠?
② 그때 오므려진 입술만 푸세요. 입술이 'O' 모양이 되게 만들어야 합니다.

bus

[ʌ] 소리는 짧게, 턱은 그대로

boss

[ɔ] 소리는 길게, 턱은 아래로

 두 단어의 차이를 비교해보세요.

① bus[bʌs] vs. boss[bɔs]

② lung[lʌŋ] vs. long[lɔŋ]

③ buck[bʌk] vs. balk[bɔk]

Practice

💬 회화 문장으로 연습해보세요.

I c<u>au</u>ght a cold. 감기에 걸렸어요.
vs. cut [kʌt]

She's g<u>o</u>ne. 그녀는 가버리고 없어요.
vs. gun [gʌn]

The rocket will be l<u>au</u>nched in 2050.
vs. lunch [lʌntʃ] 그 로켓은 2050년에 발사될 것입니다.

 문장을 듣고 받아 써보세요.

① I made it just for _____.

② It's _____ and sweet.

③ Don't _____ it.

2050년 읽는 방법

연도는 기본적으로 두 자리씩 끊어서 읽으면 됩니다. 2050년이라면 20(twenty, 트웨니)을 먼저 읽은 후, 그 다음에 50(fifty, 피프티)을 바로 읽으면 되고요. 아니면 2,050을 읽듯 two thousand fifty(투 싸우전 피프티)라고 읽으셔도 됩니다.

예문 NASA will complete the project by 2050.
나사는 그 프로젝트를 2050년까지 마칠 것이다.

예문 The subway station is expected to open in 2020.
그 지하철역은 2020년에 개통될 것으로 기대된다.

🔔 정답
① I made it just for <u>fun</u>. 난 재미로 그걸 만들었어요. 💬 fawn(새끼사슴)으로 잘못 듣지 않도록 조심
② It's <u>nutty</u> and sweet. 그건 고소하고 달콤해요. 💬 naughty(버릇없는)로 잘못 듣지 않도록 조심
③ Don't <u>touch</u> it. 만지지 마세요. 💬 torch(횃불)로 잘못 듣지 않도록 조심

coat vs. caught
코트 vs. catch의 과거형

[ou]와 [ɔ] 소리 구분하기

coat의 [ou]의 소리는 우리말 [오우]처럼 입술이 오므려지죠?
coat의 [ou]는 이중모음이라고 하는데, 이건 긴소리라고 보는 게 좋습니다.
caught의 [ɔ]의 소리는 입술을 오므리지 않습니다.
caught의 [ɔ]는 원래 긴소리입니다.

coat
[ou] 소리는 길게, 입술은 모아서

caught
[ɔ] 소리는 길게, 입술은 그대로

 두 단어의 차이를 비교해보세요.

① **coat**[kout] vs. **caught**[kɔt]

② **pole**[poul] vs. **Paul**[pɔl]

③ **low**[lou] vs. **law**[lɔ]

Practice

💬 회화 문장으로 연습해보세요.

How much does it c<u>o</u>st? 가격이 얼만가요?
vs. coast [koust]

Just c<u>a</u>ll me J<u>o</u>e. 그냥 조라고 불러주세요.
vs. coal [koul] vs. jaw [ʤɔ]

I b<u>ou</u>ght a new car. 난 새 차를 샀어요.
vs. boat [bout]

 문장을 듣고 받아 써보세요.

① I like _____.

② He's mowing the _____.

③ Do you like _____ meat?

📢 발음 TIPS

just call의 자연스러운 연음 방법

자음 셋의 연속일 땐 가운데 자음을 빼서 두 단어를 자연스럽게 붙여줍니다.
just call: [ʤʌst kɔl] → [ʤʌs kɔl, 줘스 커얼]
just의 /t/는 자음 셋의 연속 중에서 가운데 자음이군요. 이때 /t/의 발음은 사라질 수 있습니다. 그러면 [줘스 커얼]처럼 연음이 가능합니다.

예문 You just call it love. 넌 그걸 사랑이라 부르지.
예문 Why don't you just call a plumber? 그냥 배관공 부르는 게 어때?

🔔 정답
① I like <u>fall</u>. 난 가을이 좋아요. 💬 fowl(가금)로 잘못 듣지 않도록 조심
② He's mowing the <u>lawn</u>. 그는 잔디를 깎고 있어요. 💬 loan(대출)으로 잘못 듣지 않도록 조심
③ Do you like <u>raw</u> meat? 날 육류 좋아하나요? 💬 row(노를 젓다)로 잘못 듣지 않도록 조심

원어민 MP3와 저자 해설강의를 들어보세요.

Chapter 06

까다로운 '정관사 the 리스닝 비법'

DAY 029 the

자음 앞 the

자음 앞의 정관사 the 듣기

정관사 the의 소리는 두 가지로 들립니다. 하나는 [ðə, 더]이고, 나머지 하나는 [ði:, 디] 입니다. 이번에는 [ðə, 더]로 들리는 이유를 설명해 드리려고 합니다. the가 자음 앞에 있으면 [ðə, 더]로 들립니다. 자음은 너무 많으므로 모음을 열거해드리겠습니다.
[a], [e], [i], [ou], [u], [ɔ], [ə], [æ], [ʌ] 이렇게 생긴 소리들 빼고 모두 다 자음입니다.

the boy

the가 자음 b 앞에 있다.

위에서 배운 내용을 적용해서 연습해보세요.

단어	위치	발음
the boy 그 소년	자음 앞	[ðə, 더]
the man 그 남자	자음 앞	[ðə, 더]
the book 그 책	자음 앞	[ðə, 더]

Practice

💬 회화 문장으로 연습해보세요.

I like the Vietnamese restaurant. 나는 베트남 식당이 좋아요.
     [ðə, 더]

The one-way ticket is 10,000 won. 편도 티켓은 만 원이에요.
[ðə, 더]

I saw the woman. 난 그 여자를 봤어요.
     [ðə, 더]

📝 문장을 듣고 받아 써보세요.

1 _____ woman is not my type.

2 I'm walking in _____ woods.

3 You mean _____ one who is sitting next to me?

the one-way에서 the 소리

one의 o가 모음이라고 생각해서 앞의 the를 [ði-, 디]라고 발음할 수도 있습니다. 하지만 눈에 보이는 스펠링에 속으면 안 됩니다. 정관사의 소리는 스펠링이 아닌 실제 발음되는 첫 소리가 결정합니다. one의 발음은 [wʌn]이며 [w-]는 자음입니다.

예문 I am the one who said so. 내가 그렇게 말했던 사람입니다.
           [ðə-, 더]

예문 He is the one who saved me. 그는 나를 구했던 사람입니다.
            [ðə, 더]

🔔 정답
① The woman is not my type. 그 여자는 내 타입이 아니에요. 💬 [ðə, 더]
② I'm walking in the woods. 나는 숲을 걷고 있어요. 💬 [ðə, 더]
③ You mean the one who is sitting next to me? 내 옆에 앉아있는 그 사람 말이야? 💬 [ðə, 더]

MP3 & 저자강의 Day 030

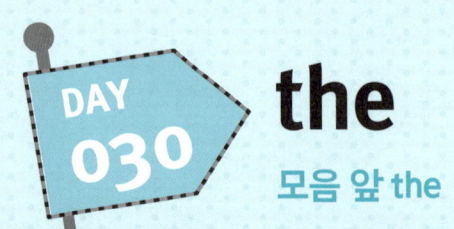

DAY 030 the
모음 앞 the

모음 앞의 정관사 the 듣기

Day 29에서 정관사 the의 소리는 두 가지 소리가 가능하다고 말씀드린 바 있습니다. [ðə, 더], 그리고 [ði:, 디]입니다. Day 30에서는 [ði:, 디]로 들리는 이유를 설명해 드리겠습니다. the가 모음 앞에 있으면 [ði: 디]로 들립니다.

the egg

the가 모음 e 앞에 있다.

[a], [e], [i], [ou], [u], [ɔ], [ə], [æ], [ʌ]
이렇게 생긴 소리들이 모음입니다.
'a, e, i, o, u'를 모음이라고 정리하면 안 됩니다.
모음일 때도 있지만 아닐 때도 있기 때문입니다. (예: the one[wʌn])

 위에서 배운 내용을 적용해서 연습해보세요.

단어	위치	발음
the egg 그 달걀	모음 앞	[ði:, 디]
the apron 그 앞치마	모음 앞	[ði:, 디]
the iron 그 다리미	모음 앞	[ði:, 디]

Practice

 회화 문장으로 연습해보세요.

Chop the onion. 그 양파를 다지세요.
　　　[ði:, 디]

The MP3 player is yours. 그 MP3 플레이어는 네 것이야.
[ði:, 디]

My son enlisted in the ROK Air Force.
　　　　　　　　　　　[ði:, 디]　　내 아들은 대한민국 공군에 입대했어요.

 문장을 듣고 받아 써보세요.

① I like going to _____ East sea.

② _____ LDL cholesterol is known as bad cholesterol.

③ He just left _____ FBI.

the MP3의 발음

the MP3의 the를 발음할 때 [ðə, 더]로 발음하기도 합니다. 하지만 절대 스펠링에 속지 마세요. 정관사의 소리는 실제 발음되는 첫소리로 판단해야 합니다. M의 실제 발음은 [em]입니다. 모음으로 시작되었으므로 당연히 [ði: 디]로 들려야 합니다.

예문 Hyunjin Ryu moved to the MLB in the United States.
　　　　　　　　　　　　　　[ði:, 디]　　　　　류현진은 미국의 MLB로 진출했다.
예문 I went to the N Seoul Tower. 나는 N서울타워에 갔어.
　　　　　　　[ði:, 디]

정답 ① I like going to the East sea. 나는 동해 가는 것을 좋아해요. [ði:, 디]
② The LDL cholesterol is known as bad cholesterol. LDL 콜레스테롤은 나쁜 콜레스테롤로 알려져 있다. [ði:, 디]
③ He just left the FBI. 그는 막 FBI를 떠났어요. [ði:, 디]

원어민 MP3와 저자 해설강의를 들어보세요.

Chapter 07

공식으로 통하는 '원 포인트 리스닝 전략'

 MP3 & 저자강의 Day 031

DAY 031

level
레벨

[으]로만 발음하면 바로 들리는 6개 단어

> Day 31~34까지는 쉽게 구분이 가능한 단어들입니다. 지금부터 알려드릴 6개 단어에 들어 있는 e는 무조건 [으]로 발음해 보세요. 훨씬 더 쉽고 자연스럽게 단어를 말할 수 있습니다.

level

우리말은 [레벨]이지만 영어는 [레블]

위에서 배운 내용을 적용해서 연습해보세요.

단어	예상 발음	배운 내용 적용해보기
level 레벨	레벨	레블
item 아이템	아이템	아이틈/아이름
system 시스템	시스템	시스뜸
license 라이선스	라이센스	라이슨스
nickel 니켈, 5센트	니켈	니끌
diesel 경유	디젤	디~즐

Practice

💬 회화 문장으로 연습해보세요.

It requires a higher lev<u>e</u>l of skill.
[레벨]×   그것은 높은 수준의 기술을 필요로 해요.

The book is a must-have it<u>e</u>m. 그 책은 꼭 필요한 아이템이야.
[아이템]×

Give us your thoughts about the syst<u>e</u>m.
그 시스템에 대한 당신의 생각을 주세요.   [시스템]×

 문장을 듣고 받아 써보세요.

❶ Can I see your driver's _____?

❷ I'm allergic to the _____.

❸ _____ cars are popular in Korea.

발음 TIPS

thoughts about의 연음 방법

우선 thoughts about의 연음 원리는 다음과 같습니다. thoughts의 -s를 about 쪽으로 붙여서, [써엇 써바웃]처럼 연음하면 됩니다.
thoughts about: [θɔts ə-baut] → [θɔt sə-baut]

> 예문 They could have different thoughts about the idea.
> 그들은 그 아이디어에 대해 다른 생각을 가질 수 있다.

> 예문 What are your thoughts about money? 돈에 대한 당신의 생각은 무엇인가요?

🏆 정답
① Can I see your driver's <u>license</u>? 운전면허증을 볼 수 있을까요? 💬 [라이슨스]
② I'm allergic to the <u>nickel</u>. 난 니켈에 알레르기가 있어요. 💬 [니꼴]
③ <u>Diesel</u> cars are popular in Korea. 디젤 차량은 한국에서 인기가 있다. 💬 [디~즐]

DAY 032

system
시스템

[뜸]으로만 발음하면 바로 들리는 3개 단어

Day 31부터는 단 한 글자 우리말만 익히면 바로 들리는, 특히 왕초보 분들의 호응이 좋을 내용을 공개할까 합니다. Day 32의 단 한 글자는 [뜸]입니다! 아래에 나오는 세 단어에 색칠된 부분을 무조건 [뜸]으로 발음해보세요!

우리말은 [시스템]이지만
영어는 [시스뜸]

위에서 배운 내용을 적용해서 연습해보세요.

단어	예상 발음	배운 내용 적용해보기
system 시스템	시스템	시스뜸
symptom 증상	심틈	심뜸
victim 피해자	빅팀	빅뜸

Practice

 회화 문장으로 연습해보세요.

It helps your immune sys<u>tem</u>. 그것은 면역체계에 도움을 줍니다.
[시스템] ×

What are the symp<u>tom</u>s? 증상들이 무엇인가요?
[심톰스] ×

They are innocent vic<u>tim</u>s. 그들은 무고한 피해자들이에요.
[빅팀스] ×

문장을 듣고 받아 써보세요.

① Seoul's new public transportation _____ is safe.

② Be careful of your warning _____.

③ The government should apologize to female _____.

immune과 innocent의 강세 및 발음 방법

immúne은 일단 강세가 두 번째에 있습니다. [어-뮤운~]처럼 쭉 올려주시면 되고요. ínnocent는 강세가 첫 번째에 있습니다. 발음은 [이너슨트]로 하시면 됩니다. 강세에 신경 써서 발음 연습을 해보세요.

예문 AIDS stands for Acquired Immune Deficiency Syndrome.
에이즈는 후천성 면역 결핍증의 약자이다.

예문 It was an innocent mistake. 그것은 악의없는 실수였다.

정답 ① Seoul's new public transportation <u>system</u> is safe. 서울의 새 대중교통 체계는 안전해요. [시스틈]
② Be careful of your warning <u>symptoms</u>. 경고 증상들에 유의하세요. [심틈스]
③ The government should apologize to female <u>victims</u>. 정부는 여성 피해자들에게 사과해야 한다. [빅틈스]

DAY 033 distance
거리

[뜬]으로만 발음하면 바로 들리는 3개 단어

Day 32에서의 한 글자는 [뜬]입니다. 보통 /tan/의 발음을 [턴]으로 하는 경향이 있는데요. 아래에 나오는 세 단어에 색칠된 부분을 무조건 [뜬]으로 발음해보세요. 훨씬 자연스럽게 발음이 나올 수 있습니다.

dis**tan**ce

[디스턴스]일 것 같지만
원어민의 소리는 [디스뜬스]

🗣 위에서 배운 내용을 적용해서 연습해보세요.

단어	예상 발음	배운 내용 적용해보기
dis**tan**ce 거리	디스턴스	디스뜬스
subs**tan**ce 물질	섭스턴스	섭스뜬스
resis**tan**t 잘 견디는	뤼지스턴트	뤼지스뜬트

Practice

💬 회화 문장으로 연습해보세요.

The distan**ce between Seoul and Gwangju is 300km.**
[디스턴스]✕   서울과 광주 사이의 거리는 300킬로미터이다.

Vitamin C is an essential substan**ce.**
비타민 C는 필수 물질이다.   [섭스턴스]✕

It is water-resistan**t.** 그것은 물에 잘 견딘다.
[뤼지스턴트]✕

📝 문장을 듣고 받아 써보세요.

① I made a long-_____ call to Seoul.

② It's a hard _____.

③ This building is earthquake-_____.

발음 TIPS

vitamin 발음 방법

우리가 말하는 [vi-tə-min 비타민]의 발음은 영국식입니다. 미국식의 발음은 [vai-tə-min 바이타민]입니다. Day 1에서 배운 '모음 사이의 /t/ 굴리기'를 사용한다면 [바이러민]처럼 들릴 수도 있습니다.

예문 I need vitamin supplements. 난 비타민 보충제가 필요해.
예문 Peaches are high in vitamin C. 복숭아는 비타민 C가 풍부하다.

정답
① I made a long-<u>distance</u> call to Seoul. 저는 서울로 장거리 전화를 걸었어요. 💬 [디스뜬스]
② It's a hard <u>substance</u>. 그것은 단단한 물질이에요. 💬 [섭스뜬스]
③ This building is earthquake-<u>resistant</u>. 이 빌딩은 지진을 견뎌낼 수 있다. 💬 [뤼지스뜬트]

🎧 MP3 & 저자강의 Day 034

DAY 034

dragon
용

[근]으로만 발음하면 바로 들리는 3개 단어

> Day 34에서의 한 글자는 [근]입니다. /gon/을 발음할 때는 여러 소리가 나올 수 있어 쉽지 않은 발음이 될 수 있습니다. 아래에 나오는 단어의 색칠된 부분을 무조건 [근]으로 발음해 보세요!

dra**gon**

[드래곤]일 것 같지만
원어민의 소리는 [쥬뤠~**근**]

🐱 위에서 배운 내용을 적용해서 연습해보세요.

단어	예상 발음	배운 내용 적용해보기
dra**gon** 용	드래곤	쥬뤠~근
wa**gon** 왜건, 마차	왜건	왜~근
Copenha**gen** 코펜하겐	코펜하겐	코우쁜헤이근

Practice

💬 회화 문장으로 연습해보세요.

He drew a dragon. 그는 용 한 마리를 그렸다.
[드래곤] ✗

Do you like a wagon or a sedan? 넌 왜건이 좋아 세단이 좋아?
[왜건] ✗

Copenhagen is the capital of Denmark. 코펜하겐은 덴마크의 수도이다.
[코펜하겐] ✗

📝 문장을 듣고 받아 써보세요.

① What is that _____-like animal?

② I'm interested in a _____.

③ _____ means "merchants' harbor".

📢 발음 TIPS

Denmark의 형용사

Demark의 형용사는 Danish입니다. Danish는 명사로 '덴마크어'를 뜻하기도 하는데요. 우리는 일반적으로 발음을 [대니쉬]라고 하지만 실제 발음은 [dei-niʃ, 데이니쉬]임에 유의해야 합니다.

예문 Are you from Denmark? 넌 덴마크 출신이니?
예문 Are you Danish? 넌 덴마크 사람이야?

🔔 정답
① What is that <u>dragon</u>-like animal? 저 용처럼 생긴 동물은 무엇인가? 💬 [쥬뤠~근]
② I'm interested in a <u>wagon</u>. 난 왜건에 관심이 있어요. 💬 [왜근]
③ <u>Copenhagen</u> means "merchants' harbor". 코펜하겐은 "상인들의 항구"라는 뜻이다. 💬 [코우쁜헤이근]

원어민 MP3와 저자 해설강의를 들어보세요.

Chapter 08

헷갈리는 can과 can't 발음 구분

 MP3 & 저자강의 Day 035

DAY 035 I can do it!
난 할 수 있어!

can 소리 듣기

이번엔 can을 들어보겠습니다. 두 가지 소리로 들릴 수 있는데요. 첫 번째는 짧고 약하게 들리는 [kən, 큰]입니다. 굳이 can을 강조할 필요가 없을 때 들을 수 있습니다. 한 가지 더 있습니다. 이것은 우리가 흔히 알고 있는 [kæn, 캔]의 소리인데요. 강조하고 싶을 때, 혹은 문장 끝에 있을 때 들을 수 있습니다.

I can do it.

굳이 강조하지 않는 can이라면 [kən, 큰]으로 짧고 약하게

I can do it. / I think I can.

강조하고 싶다면, 문장 끝에 있어도 [kæn, 캔]으로 강하게

예문을 통해 발음의 차이를 비교해보세요.

I can help you. 난 널 도울 수 있어.
[kən, 큰]

You can talk now. 넌 지금 말할 수 있어.
[kæn, 캔]

If you can, call me. 할 수 있다면, 저에게 전화하세요.
[kæn, 캔]

Practice

💬 회화 문장으로 연습해보세요.

You <u>can</u> call me. 넌 나에게 전화할 수 있어.
　　　[kən, 큰]

I <u>can</u> eat it. 난 그걸 먹을 수 있어요.
　[kæn, 캔]

If you <u>can</u>, text me. 할 수 있다면, 나에게 문자하세요.
　　　　[kæn, 캔]

📝 문장을 듣고 받아 써보세요.

❶ You _____ look at me.

❷ You _____ open the window.

❸ I _____ run as fast as you _____.

 발음 TIPS

can이 명사도 되잖아요, 명사일 땐 어떻게 들리나요?

예를 들어 "I opened a can of tuna."에서 명사 can은 당연히 [kæn, 캔]으로 들립니다.
can이 [kæn, 캔]으로 소리날 때는
① 할 수 있음을 강조할 때, ② 문장 끝에 위치할 때, ③ 명사일 때

　[예문] I can swim! 난 수영할 수 있어요!(강조)
　[예문] I don't know if she can. 그녀가 할 수 있을지 모르겠어요.(문장 끝)
　[예문] Why don't we open a can of beer? 맥주 한 캔 따는 게 어때?(명사)

🔔 **정답**　① You <u>can</u> look at me. 넌 나를 볼 수 있어.　💬 [kən, 큰]
　　　　② You <u>can</u> open the window. 넌 창문을 열 수 있어.　💬 [kæn, 캔]
　　　　③ I <u>can</u> run as fast as you <u>can</u>. 나는 너만큼 빨리 달릴 수 있어.　💬 [kən, 큰], [kæn, 캔]

DAY 036 I can't do it!
난 할 수 없어!

can't 소리 듣기

> 부정형 can't를 들어보겠습니다. 역시 두 가지 소리로 들릴 수 있습니다. 첫 번째로 우리가 알고 있는 그 소리 [kænt, 캔트]입니다. /t/가 깨끗하게 들리는, 일반적인 소리입니다. 다음으로 [kæn, 캔]의 소리입니다. /t/가 안 들리고 딱 끊기는 느낌이 느껴집니다. 이 소리를 들을 수 있어야 합니다.

I can't do it.
부정형 can't의 가장 전형적인 소리 [kænt, 캔트]

I can't do it.
/t/가 안 들려도 끊기는 느낌이 있다면 can't[kæn, 캔]

 예문을 통해 발음의 차이를 비교해보세요.

You can't do this. 당신은 이것을 할 수 없어요.
[kænt, 캔트]

He can't afford it. 그는 그것을 살 여유가 없어요.
[kæn, 캔]

I can't see. 난 볼 수 없어요.
[kæn, 캔]

Practice

💬 회화 문장으로 연습해보세요.

I <u>can't</u> do this. 난 이걸 할 수 없어요.
[kænt, 캔트]

I <u>can't</u> swim. 난 수영할 수 없어요.
[kæn, 캔]

I <u>can't</u> breathe. 난 숨을 쉴 수 없어요.
[kæn, 캔]

📝 문장을 듣고 받아 써보세요.

① This _____ happen.

② I _____ speak Vietnamese.

③ I _____ understand it.

발음 TIPS

breathe(숨을 쉬다) vs. breath(숨)

breathe와 breath는 생김새는 비슷하지만 품사도 다르고 발음 역시 다릅니다.
동사 breathe의 발음은 [briːð, 브리~드]입니다.
명사 breath의 발음은 [breθ, 브레쓰]입니다.

예문 I like to breathe fresh air. 난 신선한 공기 마시는 것을 좋아해.
예문 You have bad breath. 넌 입냄새가 나.

🏆 정답
① This <u>can't</u> happen. 이건 일어날 수 없는 일이야. 💬 [kænt, 캔트]
② I <u>can't</u> speak Vietnamese. 난 베트남어를 할 수 없어요. 💬 [kæn, 캔]
③ I <u>can't</u> understand it. 난 그걸 이해할 수 없어요. 💬 [kæn, 캔]

원어민 MP3와 저자 해설강의를 들어보세요.

Chapter 09

원어민이 말하는 '빠른 소리 듣는 법'

and
그리고

and의 원래 소리와 빠른 소리 듣기

and의 소리는 세 가지로 들릴 수 있습니다. 먼저 and의 원래 소리입니다. 우리가 알고 있는 [ænd, 앤드] 바로 그 소리입니다. 다음으로 [ən, 은]입니다. 약하게 들리는 경우입니다. 마지막으로 [n]입니다. 가장 약한 소리입니다. 이건 한글로 표현하기 힘드네요. 음성 강의를 꼭 들어보세요!

one hundred and one

and가 [ən, 은]이 되어 [헌-쥬레-른]

one hundred and one

and의 가장 약한 소리인 [n]이 되면서 [헌-쥬렛-은]

 예문을 통해 발음의 차이를 비교해보세요.

It's 7 pm, <u>and</u> you appeared. 오후 7시이고, 넌 나타났지.
　　　　　[ænd, 앤드]

Why don't you go <u>and</u> see a doctor? 가서 의사를 만나보는 게 어때?
　　　　　　　　　[ən, 은]

It's sweet <u>and</u> sour. 그건 달고 시다.
　　　　　[n]

Practice

💬 회화 문장으로 연습해보세요.

It's yellow <u>and</u> white. 그건 노란색과 흰색이다.
[ænd, 앤드]

My dalmatian goes in <u>and</u> out of the house.
[ən, 은]   내 달마시안이 집 안팎을 드나든다.

I'm a hundred <u>and</u> eighty centimeters tall.
[n]   난 키가 180센티미터예요.

 문장을 듣고 받아 써보세요.

① I like Italy _____ Spain.

② Just watch _____ listen.

③ It's one hundred _____ ten degrees Celsius.

발음 TIPS

eighty 발음 방법

eighty에서 /t/는 모음 사이가 아니지만 [에이리]로 발음을 굴려서 해야 합니다. 스펠링 상으로는 모음 사이의 /t/가 아닌 것처럼 보일 수 있지만, eighty의 발음기호는 [eiti]입니다. 모음 사이의 /t/이므로 [에이리]로 굴려서 발음될 수 있습니다.

eigh<u>t</u>y[ei<u>t</u>i]
에이리

🏆 정답
① I like Italy <u>and</u> Spain. 난 이탈리아와 스페인이 좋아요. 💬 [ænd, 앤드]
② Just watch <u>and</u> listen. 그냥 보고 들어. 💬 [ən, 은]
③ It's one hundred <u>and</u> ten degrees Celsius. 섭씨 110도예요. 💬 [n]

MP3 & 저자강의 Day 038

or
혹은

or의 원래 소리와 빠른 소리 듣기

or의 소리는 두 가지로 들릴 수 있습니다. 먼저 or의 원래 소리입니다. 우리가 알고 있는 [ɔr, 오얼]이 있는데요. 다음으로 [ər, 얼]입니다. 이처럼 약하게 들리는 경우에는 잘 안 들릴 수 있어서 주의해야 합니다.

he or she
우리가 아는 바로 그 소리 [ɔr, 오얼]

he or she
or의 소리가 약하게 들리면 [ər, 얼]로 약하게

 예문을 통해 발음의 차이를 비교해보세요.

Or, you can meet me right now. 아니면, 넌 나를 지금 만날 수 있어.
[ɔr, 오얼]

Ask your mom **or** dad. 네 엄마나 아빠한테 요청해.
　　　　　　　[ər, 얼]

I like to read books **or** watch movies.
　　　　　　　　　　[ər, 얼]　　　　　난 독서 혹은 영화 보는 걸 좋아해.

Practice

💬 **회화 문장으로 연습해보세요.**

Just study hard, <u>or</u> you'll fail the exam.
[ɔr, 오얼] 공부만 열심히 해, 그렇지 않으면 시험에 낙방할 거야.

This <u>or</u> that? 이거 아니면 저거?
[ər, 얼]

I don't know if you can make it <u>or</u> not.
네가 그걸 해낼 수 있을지 모르겠어. [ər, 얼]

✏️ **문장을 듣고 받아 써보세요.**

① Are they dogs _____ cats?

② What do you want, rice _____ noodles?

③ I need five _____ six hours of sleep.

📢 발음 TIPS

or의 빠른 소리를 연음하는 방법

or[ɔr]의 빠른 소리인 [ər]는 앞 단어의 끝 자음으로 달라붙어 들리게 됩니다. this or에서는 [ðis ər] → [ði sər, 디썰]로 연음되어 들립니다. it or에서는 [it ər] → [i tər]가 되는데, 여기서는 모음 사이의 /t/이므로 [이럴]로 들립니다.

예문 Do you go to school by <u>bus or</u> on foot? 넌 학교를 버스로 가니 걸어서 가니?
[bʌ sər, 버썰]

예문 Which one do you prefer, <u>hot or</u> cold? 뜨거운 것과 차가운 것 중 어떤 게 좋아?
[hatər, 하럴]

🔔 **정답**
① Are they dogs <u>or</u> cats? 그것들은 개야, 아니면 고양이야? 💬 [ɔr, 오얼]
② What do you want, rice <u>or</u> noodles? 밥과 국수 중 뭘 원하나요? 💬 [ər, 얼]
③ I need five <u>or</u> six hours of sleep. 난 대여섯 시간의 수면이 필요해. 💬 [ər, 얼]

at
전치사

at의 원래 소리와 빠른 소리 듣기

at의 소리 역시 두 가지로 들릴 수 있습니다. 보통 우리가 일반적으로 알고 있는 at의 원래 소리는 [æt, 앳] 입니다. 그런데 at이 빠르고 약하게 들릴 때는 [ət, 엇]으로 들릴 수 있습니다.

looked at
우리에게 친숙한 보통 소리인 [æt, 앳]

looked at
at의 약한 소리인 [ət, 엇]

 예문을 통해 발음의 차이를 비교해보세요.

Wow, look at this. 와, 이것 좀 봐.
[æt, 앳]

Don't laugh at me. 날 비웃지 마.
[ət, 엇]

I was so surprised at the news. 난 그 소식에 너무 놀랐어.
[ət, 엇]

Practice

💬 회화 문장으로 연습해보세요.

Not at all. 천만에요.
　　[æt, 앳]

I would at least mention it. 난 적어도 그걸 언급하겠어.
　　　　　[ət, 엇]

I can't do these two things at once.
난 이 두 가지 것을 한 번에 할 수 없어요.　　[ət, 엇]

📝 문장을 듣고 받아 써보세요.

① I'm good _____ this.

② It'll begin _____ 3 pm.

③ I can start _____ any time.

at의 소리를 연음하는 방법

not at all
모음 사이의 /t/를 굴려서 [나래럴]로 연음한다.

would at
모음 사이의 /d/를 굴려서 [워럿]으로 연음한다. (would 발음법은 Day 24에)

things at
things의 끝 소리를 뒤로 붙여서 [ðiŋzət, 띵젓]으로 연음한다.

🔔 정답　① I'm good at this. 난 이것을 잘 해　💬 [æt, 앳]
　　　　② It'll begin at 3 pm. 그것은 오후 3시에 시작할 거야.　💬 [ət, 엇]
　　　　③ I can start at any time. 난 언제든 시작할 수 있어.　💬 [ət, 엇]

MP3 & 저자강의 Day 040

as
전치사

as의 원래 소리와 빠른 소리 듣기

as의 소리도 원래 소리와 빠른 소리로 구분됩니다. as의 원래 소리를 먼저 공부해 봅시다. 원래 소리는 아시다시피 [æz, 애즈]입니다. 다음으로 [æz]의 빠르고 약한 소리인 [əz, 어즈]가 있습니다.

as well

일반적으로 우리가 아는 소리인 [æz, 애즈]

as well

as의 약한 소리인 [əz, 어즈]

 예문을 통해 발음의 차이를 비교해보세요.

As you know, I'm good at English. 알다시피, 난 영어를 잘 해.
[æz, 애즈]

Call me **as** soon **as** possible. 가능한 한 빨리 나한테 전화해.
         [əz, 어즈]   [əz, 어즈]

My pronunciation is not **as** good **as** yours.
내 발음은 네 발음만큼 좋지 않아.   [əz, 어즈]   [əz, 어즈]

Practice

 회화 문장으로 연습해보세요.

As for me, it was great. 난 그건 좋았어요.
[æz, 애즈]

I speak French, but not **as** well **as** my English.
난 불어를 하지만 영어만큼은 아니야. [əz, 어즈]   [əz, 어즈]

You might **as** well tell me the truth.
        [əz, 어즈]   넌 나에게 진실을 말하는 것이 좋을 거야.

📝 문장을 듣고 받아 써보세요.

① _____ far _____ I know, it's just a matter of time.

② Exercise is good, _____ long _____ it is in moderation.

③ Smoking can be harmful to your health _____ well.

발음 TIPS

not as well / might as well의 연음 방법

not as well as my English에서처럼 not as가 있는 경우 not의 /t/를 굴려서 [나러즈]처럼 연음한다.
  예문 It was not as simple as they thought. 그것은 그들이 생각했던 만큼 단순치 않았다.

might as well에서도 might의 /t/를 굴려서 [마이러즈]처럼 연음한다.
  예문 He might as well turn off the TV. 그는 TV를 끄는 게 좋을거야.

🔔 정답 ① <u>As</u> far <u>as</u> I know, it's just a matter of time. 내가 알기로는, 그건 단지 시간문제일 뿐이야. [æz, 애즈]
② Exercise is good, <u>as</u> long <u>as</u> it is in moderation. 운동은 좋다, 그것이 적당하다면. [əz, 어즈]
③ Smoking can be harmful to your health <u>as</u> well. 흡연은 네 건강에도 위험할 수 있어. [əz, 어즈]

DAY 041 their 그들의

their의 원래 소리와 빠른 소리 듣기

여러분이 기대했던 소리로 영어가 들리지 않을 때 '역시 난 머리가 굳었어', '귀가 막혔어'와 같이 자책하시는 분들이 많은데요. 그렇지 않습니다. 원래의 소리 외에 '빠른 소리'를 정리하지 않았기 때문입니다. 원어민의 빠른 소리까지 반드시 정리해 보시기 바랍니다.

their

their의 원래 소리는 [ðeər, 데얼]

their

their의 빠른 소리는 [ðər, 덜]

 예문을 통해 발음의 차이를 비교해보세요.

What are their questions? 그들의 질문이 뭔가요?
[ðeər, 데얼]

Look at their photos. 그들의 사진 좀 봐.
[ðər, 덜]

They did their best. 그들은 최선을 다했어.
[ðər, 덜]

Practice

💬 회화 문장으로 연습해보세요.

I'm on their side. 난 그들 편이야.
[ðeər, 데얼]

It was their decision. 그것은 그들의 결정이었다.
[ðər, 덜]

Children should wash their hands often.
[ðər, 덜]   아이들은 손을 자주 씻어야 한다.

📝 문장을 듣고 받아 써보세요.

① They thought _____ idea was great.

② The company can meet _____ needs.

③ They wanted to protect _____ privacy.

 발음 TIPS

often의 /t/는 묵음인가요?

미국인의 78%는 [ɔ-fən, 어픈]처럼 /t/ 발음을 하지 않습니다.
반면 미국인의 22%는 [ɔf-tən, 어프튼]처럼 /t/ 발음을 합니다.
한국 사람들에게 /t/ 발음을 하지 않는 소리가 더 친숙한 이유는, 그것이 미국인의 78%의 발음이기 때문에 그 소리에 더욱 많이 노출되고 있기 때문입니다.

예문 How often do you drink? 얼마나 자주 술을 마시나요?
예문 I often change my hairstyle. 난 종종 내 머리스타일을 바꾸지.

🔔 정답
① They thought their idea was great. 그들의 생각은 훌륭했다고 그들은 생각했다. 💬 [ðeər, 데얼]
② The company can meet their needs. 그 회사가 그들의 니즈를 충족시킬 수 있다. 💬 [ðər, 덜]
③ They wanted to protect their privacy. 그들은 그들의 사생활을 보호하기를 원했다. 💬 [ðər, 덜]

MP3 & 저자강의 Day 042

DAY 042
them
그들에게

them의 원래 소리와 빠른 소리 듣기

Day 51까지 계속 빠른 소리를 원 포인트로 알려드리고자 합니다. 먼저 them의 원래 소리 및 빠른 소리를 배워보도록 하겠습니다. them은 평소 회화에서도 자주 사용하는데요. 빠른 소리는 잘 안 들릴 수가 있습니다.

them

them의 원래 소리는 [ðem, 뎀]

them

them의 빠른 소리는 [ðəm, 덤]

 예문을 통해 발음의 차이를 비교해보세요.

I like them both. 난 그것들 둘 다 좋아.
[ðem, 뎀]

I won't tell them. 난 그들에게 말하지 않을 거야.
[ðəm, 덤]

Catch them! 그것들 좀 잡아!
[ðəm, 덤]

Practice

 회화 문장으로 연습해보세요.

Don't touch them. 그것들 만지지 마.
[ðem, 뎀]

Make them pay. 그들이 대가를 치르게 해 주세요.
[ðəm, 덤]

Let's give them a big hand! 그들에게 큰 박수 주세요!
[ðəm, 덤]

📝 문장을 듣고 받아 써보세요.

① Cut _____ into small pieces.

② Cover _____ properly.

③ We think we can beat _____.

발음 TIPS

them의 극악의 빠른 소리 [əm, 엄]

them의 가장 빠른 소리도 있습니다. 바로 [əm, 엄]입니다. them의 /th/ 발음마저 생략되어, 완전히 다른 소리로 느껴지게 합니다. 팝송 가사에 보면 가끔 'em이라고 적혀 있는 걸 본 적이 있을 겁니다. 위 문장에 있는 them을 [əm, 엄]으로 바꿔보면 다음과 같습니다.

예문 Don't touch them. → Don't touch'em. [tʌ tʃəm, 터첨]
예문 Make them pay. → Make'em pay. [mei kəm, 메이껌]
예문 Let's give them a big hand. → Let's give'em a big hand. [gi vəm, 기범]

정답
① Cut them into small pieces. 그것들을 작은 조각으로 잘라라. 💬 [ðem, 뎀]
② Cover them properly. 그것들을 제대로 덮으세요. 💬 [ðəm, 덤]
③ We think we can beat them. 우리가 그들을 이길 수 있다고 생각해요. 💬 [ðəm, 덤]

MP3 & 저자강의 Day 043

DAY 043 > her
그녀의

her의 원래 소리와 빠른 소리 듣기

her 소리의 두 가지 패턴을 배워보겠습니다. 우선, her의 원래 소리는 [hər, 헐~]입니다. 이제 her의 빠른 소리를 배워볼 텐데요. her의 h가 사라집니다. 그러면 [hər]가 [ər]로 되면서 모음으로 시작하는 단어가 되지요? 이렇게 되면 Day 10에서 배웠던 연음까지 적용될 수 있다는 걸 염두에 두세요.

her
her의 원래 소리는 [hər, 헐~]

her
her의 빠른 소리는 [ər, 얼~]

 예문을 통해 발음의 차이를 비교해보세요.

Her purse was stolen. 그녀의 지갑은 도난당했다.
[hər, 헐~]

I like her hair. 난 그녀의 머리가 맘에 들어.
[lai kər, 라이껄~]

She met her doctor. 그녀는 그녀 의사를 만났다.
[metər, 메럴~]

118

Practice

 회화 문장으로 연습해보세요.

Her mind is full of care. 그 여자의 마음은 근심으로 가득 차 있다.
[hər, 헐~]

She di**d her** best. 그녀는 최선을 다했어요.
    [didər, 디럴~]

I bough**t her** a nice car. 난 그녀에게 멋진 차를 사줬어요.
  [bɔtər, 버럴~]

문장을 듣고 받아 써보세요.

① _____ coffee was so sweet.

② She is _____ _____ husband.

③ Tom is right _____ _____.

발음 TIPS

her의 소리가 빨라졌을 때 연음 방법

[두 번째 문장]
did her에서 did의 /-d/가 모음 사이에 있으므로 [didər, 디럴~]처럼 연음됩니다.
  예문 She did her duty. 그녀는 그녀의 본분을 다 했다.

[세 번째 문장]
bought her에서 bought의 /-t/가 모음 사이에 있으므로 [bɔtər, 버럴~]처럼 연음됩니다.
  예문 He bought her a new necklace. 그는 그녀에게 새 목걸이를 사줬다.

정답 ① **Her** coffee was so sweet. 그녀의 커피가 너무 달았다.   [hər, 헐~]
      ② She is **missing her** husband. 그녀는 그녀의 남편을 그리워하고 있다.   [mi-siŋər, 미싱얼~]
      ③ Tom is right **behind her**. 톰은 그녀 바로 뒤에 있어요.   [bi-haind dər, 비하인 덜~]

🎧 MP3 & 저자강의 Day 044

DAY 044
his
그의

his의 원래 소리와 빠른 소리 듣기

his의 원래 소리와 빠른 소리를 배워보겠습니다. 우선, his의 원래 소리는 [hiz]입니다. 단, [hiz]의 끝 [z]는 너무 세게 발음하지 마세요. his의 빠른 소리는 [iz]입니다. 소리가 빨라지면서 h 소리가 사라집니다. [iz]가 되면서, 앞 단어의 끝 자음과 연음될 수 있습니다.

his

his의 원래 소리는 [hiz, 히즈]

his

his의 빠른 소리는 [iz, 이즈]

 예문을 통해 발음의 차이를 비교해보세요.

His phone starts to ring. 그의 전화가 울리기 시작한다.
[hiz, 히즈]

He lost **his** wallet. 그는 그의 지갑을 잃어버렸다.
[lɔs tiz, 러스띠즈]

I forgot **his** name. 난 그의 이름을 잊어버렸다.
[fər-gatiz, 퍼가리즈]

Practice

💬 회화 문장으로 연습해보세요.

<u>His</u> sense of direction is good. 그는 방향감각이 좋아.
[hiz, 히즈]

He did well in <u>his</u> class. 그는 그의 수업에서 잘 했어요.
　　　　　　　[i niz, 이니즈]

I like <u>his</u> idea. 난 그의 아이디어가 좋아요.
[lai kiz, 라이끼즈]

📝 문장을 듣고 받아 써보세요.

① _____ job is important to him.

② He _____ _____ face.

③ He wanted to _____ _____ book.

 발음 TIPS

his의 소리가 빨라졌을 때 연음 방법

[두 번째 문장]
in his에서 in의 /-n/이 his의 빠른 소리인 [iz]로 붙어 [i niz, 이니즈]로 연음됩니다.
　예문　It was an innocent mistake in his view. 그의 관점에서 그것은 악의없는 실수였다.

[세 번째 문장]
like his에서 like의 /-k/가 his의 빠른 소리인 [iz]로 붙어 [lai kiz, 라이끼즈]로 연음됩니다.
　예문　I like his voice. 난 그의 목소리가 좋아요.

🔔 정답　① <u>His</u> job is important to him. 그의 직업은 그에게 중요하다. 💬 [hiz, 히즈]
　　　　② He <u>washed his</u> face. 그는 세수했다. 💬 [waʃtiz, 와쉬 띠즈]
　　　　③ He wanted to <u>promote his</u> book. 그는 그의 책을 홍보하길 원했다. 💬 [prəmou tiz, 프러모우 리즈]

MP3 & 저자강의 Day 045

DAY 045

him
그를

him의 원래 소리와 빠른 소리 듣기

이제 him의 원래 소리와 빠른 소리를 배워볼 차례입니다. him의 원래 소리는 [him]입니다. him의 빠른 소리는 [im]입니다. 소리가 빨라지면서 h 소리가 사라집니다. [im]가 되면서, 앞 단어의 끝 자음과 연음될 수 있습니다.

him

him의 원래 소리는 [him, 힘]

him

him의 빠른 소리는 [im, 임]

 예문을 통해 발음의 차이를 비교해보세요.

Just talk to him. 그냥 그에게 말해요.
[him, 힘]

Watch him! 그를 봐!
[wa tʃim, 와췸]

I'll tell him. 난 그에게 말할 거예요.
[telim, 텔림]

Practice

💬 회화 문장으로 연습해보세요.

I loved him. 난 그를 사랑했어요.
[him, 힘]

Let him go. 그 사람 가게 내버려 둬요.
[le tim, 레팀]

Remind him to be on time. 그에게 정시에 오라고 일러주세요.
[ri-main dim, 리마인 딤]

📝 문장을 듣고 받아 써보세요.

① Trust _____.

② They _____ _____.

③ I _____ _____ feel lonely.

 발음 TIPS

go는 [고]가 아니라 [고우]

go를 통해서 중요한 원어민 발음 원리 한 가지를 알 수 있습니다. 발음 기호에서 [o]만 단독으로 올 수는 없습니다. [o]가 있다면 곧바로 반드시 [u]가 따라옵니다. 즉, [ou]로 발음해야 합니다.

so	open	soda	boat
쏘우	오우쁜	쏘우라	보우트

🔔 정답
① Trust him. 그를 믿어봐. 💬 [him, 힘]
② They caught him. 그들이 그를 잡았다. 💬 [kɔtim, 커팀]
③ I made him feel lonely. 난 그를 외롭게 만들었어. 💬 [mei dim, 메이딤]

DAY 046

want to
~하고 싶다

want to의 원래 소리와 빠른 소리 듣기

원어민들이 빠르고 자연스럽게 말할 때 버릇처럼 나오는 소리가 있습니다. 첫 번째로 want to가 어떻게 들리는지를 배워보겠습니다. 원래 소리는 우리가 아는 그대로 [완투]로 들립니다. 그러나 want to가 빨라지면 wanna[와나]로 들립니다.

want to

want to의 원래 소리는 [wantˌtuː, 완투]

wanna

want to의 빠른 소리는 wanna[wɔ-nə, 와나]

 예문을 통해 발음의 차이를 비교해보세요.

I **want to** go. 난 가기를 원해요.
[wantˌtuː, 완투]

I don't **wanna** go. 난 안 가고 싶어요.
[wa-nə, 와나]

I **wanna** buy this book. 난 이 책을 사고 싶어요.
[wa-nə, 와나]

# Practice

💬 회화 문장으로 연습해보세요.

I <u>want to</u> be a great teacher. 난 훌륭한 선생님이 되고 싶어요.
[want_tu, 완투]

I <u>wanna</u> go out with friends. 친구들이랑 외출하고 싶어요.
[wa-nə, 와나]

Do you <u>wanna</u> say it? 넌 그걸 말하길 원해?
[wa-nə, 와나]

✏️ 문장을 듣고 받아 써보세요.

❶ I _____ _____ go to the bar.

❷ Do you _____ go for a drink?

❸ If you _____ know about this, I'll tell you the truth.

 발음 TIPS

great을 원어민처럼 발음하기

우리는 보통 [그레이트]라고 발음하지만, 원어민의 발음과는 거리가 멉니다. 이렇게 나눠서 생각해 보면 어떨까요? great에서 g를 빼보죠. 그러면 reat[reit]만 남습니다. 모음 앞의 r이죠? 그래서 [뤠잇]처럼 발음합니다. 근데 그 앞에 'g-'가 있습니다. 이럴 땐 처음부터 입술을 둥글게 모으면서 [구-]로 발음을 시작해보세요. 마치 [구뤠잇]처럼요.

ground **group** **green**
구롸운드 구룹 구뤼인

🔔 정답
① I <u>want to</u> go to the bar. 바에 가고 싶어요. 💬 [want_tu:, 완투]
② Do you <u>wanna</u> go for a drink? 술 한 잔 하려 가고 싶어? 💬 [wa-nə, 와나]
③ If you <u>wanna</u> know about this, I'll tell you the truth. 이것에 대해 알고 싶다면, 진실을 말해줄게.
💬 [wa-nə, 와나]

DAY 047 going to
~할 것이다

going to의 원래 소리와 빠른 소리 듣기

> 이번에는 going to를 배워보도록 하겠습니다. '~할 것이다'는 뜻으로 영어회화에서 아주 유용하게 쓰일 수 있는 표현입니다. 그런데 going to가 빨라지면 gonna[거나]로 들립니다.

going to

going to의 원래 소리는 [gouiŋ tuː, 고우잉~투]

gonna

going to의 빠른 소리는 gonna[gɔ-nə, 거나]

 예문을 통해 발음의 차이를 비교해보세요.

I'm <u>going to</u> study English. 난 영어 공부를 할 거야.
[gouiŋ tuː, 고우잉~투]

I'm <u>going to</u> do it. 난 그걸 할 거야.
[gɔ-nə, 거나]

I'm <u>going to</u> stay here. 난 여기 머무를 거예요.
[gɔ-nə, 거나]

Practice

💬 회화 문장으로 연습해보세요.

I'm <u>going to</u> tell the truth. 난 사실을 말할 거야.
[gouiŋ tuː, 고우잉~투]

I'm <u>going to</u> have lunch. 난 점심을 먹을 거야.
[gɔ-nə, 거나]

You're not <u>going to</u> believe it. 넌 믿지 않을 거야.
[gɔ-nə, 거나]

 문장을 듣고 받아 써보세요.

① What are you _____ _____ do?

② I'm not _____ eat French fries.

③ That's what I'm _____ say.

발음 TIPS

will과 be going to의 차이

will과 be going to는 '~할 것이다'라는 뜻으로 알고 있지만 실제 쓰임새는 조금 다릅니다. 차이점을 알고 구분해서 사용한다면 좀 더 정확한 의사 표현을 할 수 있습니다.
먼저 will은 딱히 계획한 것은 아닌 즉흥적인 상황에서 쓸 수 있습니다.
반면 be going to는 계획성의 뉘앙스가 있습니다.

예문 I will study. (즉흥적으로 마음을 먹었겠지만) 나는 어쨌든 공부할 것이다.
예문 I am going to study. (마음을 충분히 먹고) 나는 공부할 계획을 세웠다.

🔔 정답 ① What are you <u>going to</u> do? 넌 뭐 할 거야? 💬 [gouiŋ tuː, 고우잉 투]
② I'm not <u>gonna</u> eat French fries. 난 프렌치프라이를 먹지 않을 거야. 💬 [gɔ-nə, 거나]
③ That's what I'm <u>gonna</u> say. 그게 내가 말하려고 한 거야. 💬 [gɔ-nə, 거나]

MP3 & 저자강의 Day 048

kind of
약간, 조금

kind of의 원래 소리와 빠른 소리 듣기

kind of의 원래 소리와 빠른 소리를 배워보겠습니다. 먼저 kind of의 원래 소리입니다. kind of의 원래 소리는 [kain dʌv, 카인 더브]입니다. 그러나 kind of가 빨라지면 kinda[kainə, 카이나]로 들립니다.

kind of

kind of의 원래 소리는 [kain dʌv, 카인 더브]

kind of

kind of의 빠른 소리는 [kainə, 카이나]

 예문을 통해 발음의 차이를 비교해보세요.

He is <u>kind of</u> funny. 그는 조금 웃겨요.
[kain dʌv, 카인 더브]

That's <u>kind of</u> weird. 그건 조금 이상해요.
[kainə, 카이나]

You're <u>kind of</u> cool. 당신 좀 멋지네요.
[kainə, 카이나]

Practice

💬 회화 문장으로 연습해보세요.

You're <u>kind of</u> nuts. 넌 조금 미친 것 같아.
[kain dʌv, 카인 더브]

It's <u>kind of</u> heavy. 그건 무거운 편이에요.
[kainə, 카이나]

I'm <u>kind of</u> tired. 난 조금 피곤해.
[kainə, 카이나]

✏️ 문장을 듣고 받아 써보세요.

❶ He's _____ _____ rude.

❷ I'm _____ _____ busy.

❸ This room is _____ _____ stuffy.

발음 TIPS

kind of의 뉘앙스

kind of는 한 마디로 '조금(a little, somewhat)'입니다. 문장에 kind of가 들어가면 '약간', '조금'의 뉘앙스가 실리는 것이죠. 이때 kind of는 약간 천천히 발음한다면 [카인다]로 들릴 수 있고, 빠르게 한다면 배운 것처럼 [카이나]로 들립니다.

예문 It's heavy. 말 그대로 무겁습니다.
예문 It's <u>kind of</u> heavy. 확 무거운 건 아니지만 무거운 편입니다.

🔔 정답
① He's <u>kind of</u> rude. 그는 조금 무례해. 💬 [kain dʌv, 카인 더브]
② I'm <u>kind of</u> busy. 난 조금 바빠. 💬 [kainə, 카이나]
③ This room is <u>kind of</u> stuffy. 이 방은 조금 답답해요. 💬 [kainə, 카이나]

must have
~했음에 틀림없다

must have의 원래 소리와 빠른 소리 듣기

must have p.p.는 우리가 문법 시간에 배웠듯 '~했음에 틀림없다'의 의미입니다. 여기서의 must have도 원래 소리와 빠른 소리가 있습니다. 먼저 원래 소리를 공부해 보겠습니다. [mʌst hæv, 머스트 해브]입니다. 그러나 must have의 소리가 빨라지면 musta[mʌstə, 머스따]로 들립니다.

must have
원래 소리는 [mʌst hæv, 머스트 해브]

must have
빠른 소리는 musta[mʌstə, 머스따]

 예문을 통해 발음의 차이를 비교해보세요.

Zach must have been busy. 잭은 바빴음에 틀림없다.
[mʌst hæv, 머스트 해브]

He must have worked harder. 그는 더 열심히 일했음에 틀림없다.
[mʌstə, 머스따]

You must have seen this lunar eclipse. 넌 이 월식을 봤음에 틀림없다.
[mʌstə, 머스따]

Practice

 회화 문장으로 연습해보세요.

You must have been weary. 넌 지쳤음에 틀림없어.
[mʌst hæv, 머스트 해브]

I must have made a mistake. 나는 실수를 했었음에 틀림없어.
[mʌstə, 머스따]

You must have read this book. 넌 이 책을 읽었음에 틀림없어.
[mʌstə, 머스따]

📝 문장을 듣고 받아 써보세요.

① You _____ _____ realized how difficult it was.

② You _____ _____ studied very hard.

③ You _____ _____ made a good impression.

발음 TIPS

read의 현재형과 과거/과거분사형의 발음

read(읽다)의 현재형의 발음은 [riːd, 류~드]입니다. 이것의 과거/과거분사 역시 스펠링이 read이다 보니 발음도 같다고 생각하는 분들이 의외로 많습니다. 그러나 read의 과거/과거분사의 발음은 [red, 레드]입니다. 빨간색 red와 발음이 같아집니다.

예문 I read this book. [riːd, 류~드] 난 이 책을 읽어요.(현재)
예문 I read this book. [red, 렛] 난 이 책을 읽었어요.(과거)
예문 I've read this book. [red, 렛] 난 이 책을 읽어오고 있어요.(과거분사)

🔔 정답
① You must have realized how difficult it was. 넌 그것이 얼마나 어려웠는지 깨달았음에 틀림없어.
💬 [mʌst hæv, 머스트 해브]
② You must have studied very hard. 넌 매우 열심히 공부했음에 틀림없어. 💬 [mʌstə, 머스따]
③ You must have made a good impression. 넌 좋은 인상을 남겼음에 틀림없어. 💬 [mʌstə, 머스따]

DAY 050   have got to
~해야 한다

have got to의 원래 소리와 빠른 소리 듣기

have got to는 '~해야 한다'라는 뜻입니다. 우선 have got to의 소리를 들어보겠습니다. have got to의 원래 소리는 [hæv gɑt tuː, 해브 갓 투]입니다. have got to의 소리가 빨라지면 gotta[gɑtə, 가라]로 변합니다. gotta에서 모음 사이의 /t/가 굴려지므로 [가라]처럼 들리게 됩니다.

have got to
원래 소리는 [hæv gɑt tuː, 해브 갓 투]

gotta
빠른 소리는 gotta[gɑtə, 가라]

 예문을 통해 발음의 차이를 비교해보세요.

I've got to go home. 나는 집에 가야 해.
[aiv gɑt tuː, 아이브 갓 투]

You **gotta** come. 넌 와야 해.
   [gɑtə, 가라]

You **gotta** understand. 넌 이해해야 해.
   [gɑtə, 가라]

Practice

 회화 문장으로 연습해보세요.

I've got to find my boss. 나는 내 상사를 찾아야 해.
[aiv gat tu:, 아이브 갓 투]

I **gotta** go. 난 가야 해.
[gatə, 가라]

You **gotta** be careful. 넌 주의해야 해.
[gatə, 가라]

 문장을 듣고 받아 써보세요.

① _____ _____ find him.

② You _____ let her go.

③ You _____ leave me alone.

발음 TIPS

let her의 연음 방법

let her는 [렛 헐]로 들리는 게 일반적입니다. 그러나 her의 소리가 빨라진다면 her의 /h/가 사라질 수 있습니다. 그렇게 되면 [let ər]가 되지요. 이때 모음 사이의 /t/가 굴려진다면 [레럴]로 들릴 수 있게 됩니다.

예문 **Let her** finish. 그녀가 끝내게 두세요.
[letər, 레럴]

예문 I'll **let her** know I'm angry. 내가 화난 것을 그녀가 알게 할 거야.
[letər, 레럴]

정답
① **You've got to** find him. 넌 그를 찾아야 해. [-v gat tu, 브 갓 투]
② You **gotta** let her go. 그녀가 가게 둬. [gatə, 가라]
③ You **gotta** leave me alone. 날 혼자 내버려 둬. [gatə, 가라]

DAY 051

can you
~할 수 있나요

can you의 원래 소리와 빠른 소리 듣기

> 엘튼 존의 "Can You Feel the Love Tonight"이라는 팝송이 있죠. 노래에서는 원래 소리로 들리고 있습니다. can you의 원래 소리는 [kæn yuː, 캔 유]입니다. can you의 소리가 빨라지면 kenya[kenyə, 케냐]로 변합니다.

can you

can you의 원래 소리는 [kæn yuː, 캔 유]이다.

can you

can you의 빠른 소리는 kenya[kenyə, 케냐]이다.

 예문을 통해 발음의 차이를 비교해보세요.

Can you feel the love tonight? 당신은 오늘 밤 사랑을 느낄 수 있나요?
[kæn yuː, 캔 유]

Can you speak Korean? 당신은 한국말을 할 수 있나요?
[kenyə, 케냐]

Can you fill out this form? 이 양식을 작성해주시겠어요?
[kenyə, 케냐]

Practice

💬 회화 문장으로 연습해보세요.

<u>Can you</u> do it? 넌 그걸 할 수 있어?
[kæn yuː, 캔 유]

<u>Can you</u> come? 너 올 수 있어?
[kenyə, 케냐]

<u>Can you</u> give me a hand? 넌 날 도와줄 수 있니?
[kenyə, 케냐]

✏️ 문장을 듣고 받아 써보세요.

① _____ _____ do me a favor?

② _____ _____ see?

③ _____ _____ tell me what time it is?

give me의 빠른 소리

give me의 빠른 소리도 있습니다. 바로 gimme[gimi, 기미]입니다. [기미]는 빠른 소리임에도 우리에게 친숙하네요. [케냐 기미 어 핸드?]로 들릴 수 있습니다.

예문 Give me five roses. 저에게 장미 다섯 송이 주세요.
[gimi, 기미]

예문 Give me another chance. 한 번만 더 기회를 주세요.
[gimi, 기미]

🔔 정답 ① <u>Can you</u> do me a favor? 부탁 하나 들어줄 수 있나요? 💬 캔 유
② <u>Can you</u> see? 넌 볼 수 있어? 💬 케냐
③ <u>Can you</u> tell me what time it is? 몇 시인지 말해줄 수 있어요? 💬 케냐

원어민 MP3와 저자 해설강의를 들어보세요.

Chapter 10

원어민 따라잡는 '원어민 시야로 듣기'

DAY 052

interesting
흥미 있는

들리지 않는 모음 e

interesting(흥미 있는)이라는 단어가 있습니다. 우리는 흔히 [인터레스팅]이라는 소리로 알고 있죠. 그러나 저것은 실제 우리가 원어민에게 들을 수 있는 소리가 아닙니다. 원어민의 눈에는 interesting의 첫 번째 e가 보이지 않습니다. e를 빼고 목소리에 힘을 단세 번만 주며 우리에게 들려줍니다.

interesting

한국 사람의 시야에서는 'tere[터레]'가 보이니
당연히 [인터레스팅]으로 안다.

interesting

원어민의 눈에는 'e'가 보이지 않는다.
in-tre-sting[인-츄러-스띵]으로 발음한다.

 예문을 통해 위에서 배운 내용을 확인해보세요.

Sounds <u>interesting</u>. 흥미롭게 들리네요.
[in-trə-stiŋ, 인-츄러-스띵]

You and I are <u>different</u>. 너와 난 달라요.
[di-frənt, 디-푸륀트]

Let it thaw at room <u>temperature</u>. 그것을 상온에서 해동시켜주세요.
[tem-prə-tʃər, 템-뿌뤄-쳐]

Practice

 회화 문장으로 연습해보세요.

Where's the conference room? 회의실이 어디 있나요?
[kan-frəns, 칸-푸뤈스]

I'm interested in this. 난 이것에 흥미가 있어요.
[in-trə-sti din, 인-츄뤄스-띠린]

I need some aspirin. 난 아스피린이 좀 필요해.
[æs-prən, 애스-뿌뤈]

문장을 듣고 받아 써보세요.

① I didn't show any _____.

② I don't know the _____.

③ This dark _____ tastes bitter.

발음 TIPS

interested in 연음하기

일단 interested에서 앞에 나오는 e는 원어민의 시야에 보이지 않습니다. 그리고 끝 '-ed'에 해당되는 /-d/의 소리를 연음해야 하는데요. 이것은 모음 사이의 /d/입니다(Day 4 참고). 그래서 굴려지면서 연음됩니다. [in-trə-sti din, 인-츄뤄스-띠린]으로 들릴 것입니다.

예문 Are you interested in jazz? 넌 재즈에 흥미가 있니?
[in-trə-sti din, 인-츄뤄스-띠린]

예문 I don't know what I'm interested in. 난 무엇에 흥미가 있는지 모르겠어.
[in-trə-sti din, 인-츄뤄스-띠린]

정답 ① I didn't show any <u>interest</u>. 난 어떤 흥미도 보이지 않았어. 💬 인-츄뤄스트
② I don't know the <u>difference</u>. 난 차이를 모르겠어. 💬 디-푸뤈스
③ This dark <u>chocolate</u> tastes bitter. 이 다크 초콜릿은 맛이 써. 💬 춰-끌럿

들리지 않는 자음 I

> 한국 사람은 스펠링 그대로 소리를 내줘야 직성이 풀립니다. 그러다 보니 연어를 [살몬]이라고 잘못 읽기도 하는데요. 그러나 salmon의 실제 발음은 [sæ-mən, 쌔–먼]입니다. /l/ 발음이 없습니다. /l/ 발음이 들리지 않는다는 것을 꼭 알아야 하는 단어들을 더 느껴보도록 할까요?

salmon

/ l / 이 전혀 들리지 않는다.

 예문을 통해 위에서 배운 내용을 확인해보세요.

Eating salmon is good for your brain. 연어를 먹는 것은 당신의 두뇌에 좋다.
[sæ-mən, 쌔-먼]

Hello, folks. 안녕하세요, 여러분.
[fouks, 포욱스] *[포]라고 적었어도 /f/ 발음을 하셔야 합니다.

The turtle looks half-dead. 그 거북이는 반쯤 죽은 것처럼 보여요.
[hæf, 해프]

회화 문장으로 연습해보세요.

<u>Calm</u> down. 진정해.
[kɑm, 캄]

I <u>walk</u> to work. 난 걸어서 출근해요.
[wɔk, 워크]

One egg <u>yolk</u> contains lots of vitamin D.
　　　　　[youk, 요우크]　　달걀노른자 하나엔 많은 비타민 D가 들어있다.

문장을 듣고 받아 써보세요.

① I _____ eat a horse.

② Where's the white _____ ?

③ I eat a handful of _____ every day.

발음 TIPS

walk와 work 발음 구분

r 발음이 느껴지느냐 느껴지지 않느냐의 차이입니다. walk[wɔk]는 보시다시피 r 발음이 전혀 없습니다. work[wərk]는 r 발음이 진하게 느껴집니다.

예문 It's a short <u>walk</u> from here. 여기에서 잠깐만 걸어가면 돼요.
　　　　　　　　　[wɔk]

예문 I'm so glad to <u>work</u> here. 여기에서 일하게 되어 무척 기뻐요.
　　　　　　　　　[wərk]

정답
① I <u>could</u> eat a horse. 난 뭐든 다 먹어치울 수 있어. (너무 배고플 때 쓰는 표현) 쿳
② Where's the white <u>chalk</u>? 흰 분필 어디 있어? 춰크
③ I eat a handful of <u>almonds</u> every day. 나는 매일 아몬드 한 줌씩 먹는다. 아먼즈

DAY 054

subtle
미묘한

들리지 않는 자음 b

이번에는 /b/ 소리가 나지 않는 단어들을 배워보겠습니다. 눈에는 보이지만 실제로 들리지 않는 silent sound(묵음)입니다. 왠지 /b/가 들릴 것 같지만 원어민은 전혀 소리를 내지 않습니다. 아래 예시 단어들을 통해 다양하게 들어보시기 바랍니다.

subtle

/b/가 전혀 들리지 않는다.

 예문을 통해 위에서 배운 내용을 확인해보세요.

You can see the subtle differences. 당신은 미묘한 차이들을 볼 수 있다.
[sʌ-təl, 써를]

My hands feel numb. 내 손이 감각이 없어요.
[nʌm, 넘]

I can't climb the wall. 난 그 벽을 오를 수 없어요.
[klaim, 클라임]

Practice

💬 **회화 문장으로 연습해보세요.**

Comb your hair. 너의 머리를 빗으렴.
[koum, 코움]

Two thumbs up! 최고예요!
[θʌm zʌp, 썸 접]

I doubt it. 난 의심이 가는데.
[dau tit, 다우릿]

✏️ **문장을 듣고 받아 써보세요.**

① I'm in _____.

② I'll call a _____.

③ I like the _____.

📢 **발음 TIPS**

doubt it 연음 방법

Day 2에서 '모음 사이의 /t/를 굴린다'라고 배웠습니다. 여기서 doubt it을 얼핏 보면 모음 사이의 /t/처럼 보이지는 않지만 b는 없는 소리로 [dautit]처럼 모음 사이의 /t/가 맞습니다. 그래서 I doubt it을 영어로 할 때엔 [아이 다우릿]처럼 연음하면 자연스럽습니다.

예문 I don't doubt it. 난 의심하지 않아.
　　　　　　[다우릿]

예문 You don't know why I doubt it. 내가 왜 의심하는지 넌 몰라.
　　　　　　　　　　　　　[다우릿]

🔔 **정답**
① I'm in **debt**. 난 빚을 지고 있어. 💬 뎃
② I'll call a **plumber**. 배관공을 부를게. 💬 플러머
③ I like the **subtlety**. 난 미묘함이 좋아. 💬 써틀티

들리지 않는 자음 s

/s/가 들리지 않는 단어들을 공부해 보겠습니다. island와 같은 경우 스펠링에 지나치게 집중하다 보면 분명 [이슬란드]라고 잘못 발음하는 분들이 있을 수 있을 것입니다. 그렇게 되면 나라 이름 Iceland[아이슬런드]와 헷갈릴 수 있으니 주의하세요!

island

/s/가 전혀 들리지 않는다.

 예문을 통해 위에서 배운 내용을 확인해보세요.

I've never been to Jeju island. 난 제주도에 가본 적이 없어요.
[ai-lənd, 아일런드]

Clean up the debris. 잔해들 좀 치워.
[də-bri:, 더-브뤼]

I'm going to move to Illinois. 난 일리노이로 이사할 거야.
[ilə-nɔi, 일러노이]

Practice

💬 회화 문장으로 연습해보세요.

I enlisted in the Marine Corps. 난 해병대에 입대했어.
[kɔr, 코얼]

He's a bourgeois. 그는 부르주아이다.
[buər-ʒwa, 부얼-좌]

I traveled to the Isle of Man. 난 맨 섬으로 여행했어.
[ail, 아일]

✏️ 문장을 듣고 받아 써보세요.

① I prefer an _____ seat.

② I live in _____.

③ I hope to travel to _____ someday.

📢 발음 TIPS

corps의 발음 방법

corps에는 소리 나지 않는 자음이 무려 두 개나 있습니다. 그중 하나는 우리가 배웠던 s이고, 나머지 하나가 바로 p입니다. s도 발음이 없고, p도 발음이 없다는 것이 아주 중요합니다. 그래서 발음은 [kɔr, 코얼]입니다.

예문 I served in the medical corps. 나는 의무대에서 복무했다.
[kɔr, 코얼]

예문 ROTC stands for Reserve Officers' Training Corps.
ROTC는 '학생 군사 교육단'의 약자이다. [kɔr, 코얼]

🔔 정답
① I prefer an aisle seat. 저는 통로 쪽 좌석을 선호해요. 💬 아일
② I live in Arkansas. 난 아칸소에 살고 있어. 💬 알칸써
③ I hope to travel to Louisville someday. 언젠가는 루이빌로 여행을 가보고 싶다. 💬 루이빌

DAY 056

herb
허브

들리지 않는 자음 h

/h/ 소리가 들리지 않는 단어들을 배워보겠습니다. 특히 '아, 이것도 /h/ 소리가 없어?'라고 느끼실 만한 어휘들이 많으니 집중해 보시기 바랍니다. herb를 한 번 들어볼까요? [허브]라는 소리에 더 익숙하시겠지만, 미국인의 발음은 [ərb, 얼~브]입니다. 참고로 영국에서는 /h/ 발음을 하는 경우가 많습니다.

herb

/h/가 전혀 들리지 않는다.

 예문을 통해 위에서 배운 내용을 확인해보세요.

Would you like some <u>herbal</u> tea? 허브 차 좀 드릴까요?
[ər-bəl 어~벌]

I've got an upset <u>stomac</u>h. 배탈이 났어요.
[stʌ-mik, 스떠믹]

I studied English for half an <u>hour</u>. 난 30분 정도 영어 공부를 했어.
[auər, 아우얼]

Practice

 회화 문장으로 연습해보세요.

It's an <u>honor</u>. 영광입니다.
[a-nər, 아널]

I would like your <u>honest</u> opinion. 난 너의 솔직한 의견을 원해.
[a-nəst, 아너스트]

I've got a splitting <u>headache</u>. 머리가 쪼개질 듯한 두통이 있어요.
[hedeik, 헤데이크]

문장을 듣고 받아 써보세요.

❶ He's a famous _____.

❷ He was the _____ of North Korea.

❸ I'm interested in the _____.

발음 TIPS

headache 발음

headache의 발음은 생각만큼 쉽지 않은데요. 원래는 [hedeik, 헤데이크]입니다. 그런데 우리가 Day 2에서 배웠던 '모음 사이의 /d/를 굴린다'를 적용하면 [헤레이크]처럼 들릴 수 있습니다.

예문 I got a <u>headache</u>. 난 두통이 있어요.
[헤레이크]

예문 Do you have some aspirins for a <u>headache</u>? 두통에 먹는 아스피린 있니?
[헤레이크]

정답
① He's a famous <u>architect</u>. 그는 유명한 건축가이다. [ar-ki-tekt, 알키텍트]
② He was the <u>heir</u> of North Korea. 그는 북한의 후계자였다. [eər, 에얼]
③ I'm interested in the <u>exhibit</u>. 난 그 전시회에 흥미가 있다. [ig-zi-bit, 익-지빗]

DAY 057

clothes
옷

들리지 않는 자음 th

> 영어에서 /th/ 소리가 나지 않는 단어는 두 개밖에 없습니다. 지금 이 자리에서 딱 두 개만 익혀볼까요? 그중 첫 번째 단어는 clothes입니다. 왠지 [클로우뜨쓰] 하고 싶으시겠지만, th 발음은 그냥 안 하시면 됩니다. 다음으로 호흡기질환인 asthma(천식)가 있습니다. [æz-mə, 애즈마]로 들립니다.

clothes
/th/에 해당되는 소리가 없다.

asthma
/th/에 해당되는 소리가 없다.

It can cause **asthma**. 그것은 천식을 일으킬 수 있어요.
[æz-mə, 애즈마]

Take out some winter **clothes**. 겨울옷 좀 꺼내요.
[klouz, 클로우즈]

I don't wear expensive **clothes**. 난 비싼 옷 입지 않아요.
[klouz, 클로우즈]

Practice

 회화 문장으로 연습해보세요.

I need trendy <u>clothes</u> to wear. 난 입을만한 트렌디한 옷이 필요해요.
[klouz, 클로우즈]

They always wear nice <u>clothes</u>. 그들은 항상 멋진 옷을 입어요.
[klouz, 클로우즈]

Don't splurge too much money on <u>clothes</u>.
너무 많은 돈을 옷에 쓰지 마세요. [klouz, 클로우즈]

문장을 듣고 받아 써보세요.

❶ I suffer from _____.

❷ What is the best way to _____ _____?

❸ Second-hand smoke can lead to _____.

발음 TIPS

clothes vs. close

clothes에서 th 발음이 없으면 [klouz]처럼 소리 나는데, 그러게 되면 close(닫다)와 발음상으로는 똑같게 됩니다.

예문 Close the door. 문을 닫아주세요.
[klouz]

예문 I want to buy new clothes. 새 옷을 사고 싶어요.
[klouz]

정답
① I suffer from <u>asthma</u>. 나는 천식을 앓고 있다. [æz-mə, 애즈마]
② What is the best way to <u>treat</u> <u>asthma</u>? 천식을 치료할 최고의 방법은 무엇인가? [tri: tæz-mə, 츄뤼태~즈마]
③ Second-hand smoke can lead to <u>asthma</u>. 간접흡연은 천식을 일으킬 수 있다. [æz-mə, 애즈마]

DAY 058

soften
부드럽게 하다

들리지 않는 자음 t

/t/가 들리지 않는 단어들도 상당히 많습니다. 한국 사람이라면 가장 실수할 법한 단어가 바로 soften입니다. soft가 [소프트]이니까 soften이 [소프튼]이라고 잘못 생각하기 쉽죠. 그러나 soften에서 /t/는 묵음입니다.

sof~~t~~en

/t/에 해당되는 소리가 없다.

예문을 통해 위에서 배운 내용을 확인해보세요.

Listen carefully. 잘 들으세요.
[li-sən, 리슨]

Look at that beautiful castle! 저 아름다운 성을 보세요!
[kæ-səl, 캐슬]

I only buy gourmet salmon. 난 미식가용 연어만 사요.
[guər-mei, 구얼메이]

Practice

 회화 문장으로 연습해보세요.

Fasten your seatbelt. 안전벨트를 매세요.
[fæ-sən, 패슨]

How **often** do you go shopping? 넌 얼마나 자주 쇼핑 가니?
[ɔ-fən, 어폰]

Don't make any **rustling** noise. 바스락거리는 소리 좀 내지 마.
[rʌ-sə-liŋ, 러슬링]

 문장을 듣고 받아 써보세요.

① This moisturizer can _____ your skin.

② Use eye drops to _____ your eyes.

③ I enjoy the _____ and _____ of this city.

---

moisturizer 발음하기

우리는 [모이스춰라이저]라고 발음하지만, moisturizer의 r 역시 'ㄹ' 발음이 아니기에 주의해야 합니다. 여기서는 입술을 오므렸다가 펼치면서 발음해주면 좋습니다. [모이스춰라이절]처럼요.

예문 Use a moisturizer after the bath. 목욕 후에 모이스춰라이저를 사용하세요.
[모이스춰라이절]

예문 Don't forget to bring a moisturizer. 모이스춰라이저 챙기는 것 잊지 마.
[모이스춰라이절]

정답 ① This moisturizer can <u>soften</u> your skin. 그 모이스처라이저는 너의 피부를 부드럽게 할 수 있어. [sɔ-fən, 써폰]
② Use eye drops to <u>moisten</u> your eyes. 눈을 촉촉하게 하기 위해 점안액을 사용하세요. [mɔi-sən, 머이슨]
③ I enjoy the <u>hustle</u> and <u>bustle</u> of this city. 난 이 도시의 북적거림을 즐긴다. [hʌ-səl, bʌ-səl, 허슬, 버슬]

DAY 059

summer
여름

자음 두 개가 붙어있으면 한 개만 들린다

/m/이 하나면 /ㅁ/도 하나, /m/이 두 개면 /ㅁ/도 두 개일 것이라는 마인드는 지극히 우리의 생각일 뿐입니다. 자음이 두 개 이더라도 실제 소리는 하나만 들립니다. summer의 발음기호는 [sʌ-mər]입니다. m이 두 개이지만 실제 발음기호를 보면 m이 단 한 개입니다. 즉, 원어민은 [써머]처럼 한 번만 발음한다는 것이지요.

summer

/m/이 두 개여도 발음은 [썸머]가 아니라 [써머]

 예문을 통해 위에서 배운 내용을 확인해보세요.

Where will you stay on <u>summer</u> vacation?
[sʌ-mər, 써머]   여름휴가 동안 어디에 머무를 거야?

Let me introduce my friend, <u>Anna</u>. 내 친구 아나를 소개합니다.
[a-nə, 아나]

I'm going to play with <u>Donna</u>. 난 다나랑 놀 거야.
[da-nə, 다나]

Practice

 회화 문장으로 연습해보세요.

I'm good at English <u>grammar</u>. 난 영문법을 잘 해.
[græ-mər, 그래머]

Wash your hands with <u>running</u> water. 흐르는 물로 손을 씻어요.
[rʌ-niŋ, 뤄닝]

Don't behave like a prima <u>donna</u>. 까다로운 사람처럼 행동하지 마.
[pri-mə da-nə, 프리머 다나]

📝 문장을 듣고 받아 써보세요.

① _____ some money.

② I've seen _____ Watson before.

③ _____ is my favorite singer.

📣 발음 TIPS

good at English 연음 방법

① good at의 /d/는 모음 사이입니다.
   모음 사이의 /d/는 굴리므로, 일단 [그랫]으로 일단 연음해보세요.

② at English의 /t/도 모음 사이입니다.
   모음 사이의 /t/도 굴리므로, [애링글리시]로 연음해 보시고요.

③ good at English는 [그래링글리시]로 연음됩니다.

🔔 정답 ① <u>Gimme</u> some money. 나에게 돈 좀 줘. 💬 [gimi, 기미]
② I've seen <u>Emma</u> Watson before. 전에 엠마 왓슨을 본 적 있어. 💬 [e-mə, 에마]
③ <u>Madonna</u> is my favorite singer. 마돈나는 내가 가장 좋아하는 가수야. 💬 [mə-da-nə, 머다나]

원어민 MP3와 저자 해설강의를 들어보세요.

Chapter 11

입천장 소리의 비밀 '입천장 영어 듣기'

MP3 & 저자강의 Day 060

DAY 060
Nice to meet you.
만나서 반갑습니다.

meet_you [밋-유]? [미-츄]?

사람들과 만날 때 가장 자주 쓰는 말 중 하나죠. 바로 Nice to meet you.입니다. 그런데 meet you가 [미츄]로 들릴 때가 많죠? 단어 끝이 /-t/로 끝나고, 다음 단어의 첫 소리가 /y-/일 때, 즉 '/-t/ + /y-/'일 때 소리가 [츄]로 바뀔 수 있게 됩니다. 그렇다면 꼭 [츄]로 바꿔야 할까요? 그렇진 않습니다. 연결하고 싶지 않다면 그냥 [밋유]로 해도 됩니다.

Nice to meet‿you.

meet의 /-t/와 you의 /y-/가 만나 [미츄]로 들릴 수 있다.

예문을 통해 위에서 배운 내용을 확인해보세요.

Nice to meet‿you. 만나서 반갑습니다.
[mi:t yu:] → [mi: tʃu:, 미츄]

I checked‿your suitcase. 내가 네 여행 가방을 체크했어.
[tʃekt yuər] → [tʃek tʃuər, 첵츄얼]

It is what‿you said. 그게 네가 말했던 거야.
[wat yu:] → [wa tʃu:, 와츄]

Practice

💬 **회화 문장으로 연습해보세요.**

What brought‿you here? 여긴 무슨 일로 오셨어요?
[brɔt yu:] → [brɔ tʃu:, 부뤄츄]

Let me treat‿you to dinner. 제가 당신에게 저녁을 살게요.
[tri:t yu:] → [tri: tʃu:, 츄뤼츄]

I'm going to buy a sedan next‿year. 난 내년에 세단을 살 거야.
[nekst yiər] → [neks tʃiər, 넥스취얼]

📝 **문장을 듣고 받아 써보세요.**

① I _____ _____ to come here.

② I _____ _____ how to pronounce this word.

③ I didn't know _____ _____ love him.

🔊 **발음 TIPS**

sedan의 발음을 알려주세요!

세단은 영어로 [si:-dǽn, 시댄]입니다. 강세가 중요한데요. 두 번째 음절에 강세가 있습니다.
se-dán처럼요! 발음하실 땐 [댄]을 올려서 해 주시면 원어민 발음이 됩니다.

예문 It's a mid-size sedan. 그것은 중형세단이야.
　　　　[si:-dǽn, 시댄]

예문 I would like to test-drive this sedan. 이 세단을 시승해보고 싶어요.
　　　　　　　　　　　　　　　[si:-dǽn, 시댄]

🌟 **정답**　① I <u>want you</u> to come here. 난 네가 여기 오기를 원해. 💬 [wɔn tʃu:, 원츄]
　　　　② I <u>taught you</u> how to pronounce this word. 내가 너에게 이 단어를 발음하는 방법을 가르쳤다. 💬 [tɔ tʃu:, 터츄]
　　　　③ I didn't know <u>that</u> <u>you</u> love him. 난 네가 그를 사랑하는 거 몰랐어. 💬 [ðæ tʃu:, 대츄]

MP3 & 저자강의 Day 061

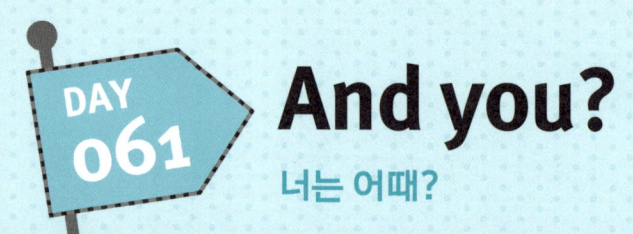

DAY 061 And you?
너는 어때?

And_you? [앤-유]? [앤-쥬]?

> 상대방은 어떤지 물어볼 때 쓸 수 있는 짧은 표현이 바로 And you?입니다. I'm good, and you?처럼요. 이때 [앤쥬]처럼 들릴 때, 많이 있지 않던가요? 단어 끝이 /-d/로 끝나고 바로 다음 단어의 첫 소리가 /y-/ 일 때, 즉 '/-d/ + /y-/'일 때 [쥬]로 바뀌면서 들릴 수 있습니다. 소리 변화를 주고 싶지 않다면 [앤 유]처럼 해도 됩니다.

And_you?

And의 /-d/와 you의 /y-/가 만나 [앤쥬]로 들릴 수 있다.

 예문을 통해 위에서 배운 내용을 확인해보세요.

And_you? 넌 어때?
[ænd yuː] → [æn ʤuː, 앤쥬]

I treated_you terribly. 내가 너를 형편없이 대했어.
[triː-tid yuː] → [triː-ti ʤuː, 츄뤼쥬]

I need_you to know this. 난 이걸 알아야겠어.
[nid yuː] → [niː ʤuː, 니쥬]

Practice

💬 회화 문장으로 연습해보세요.

Would̲ you like some coffee? 커피 좀 드실래요?
[wud yu:] → [wu ʤu:, 워쥬]

Did̲ you do that? 네가 그걸 했니?
[did yu:] → [di ʤu:, 디쥬]

Could̲ you speak slowly? 말을 천천히 해 주시겠어요?
[kud yu:] → [ku ʤu:, 크쥬]

✏️ 문장을 듣고 받아 써보세요.

① I _____ _____ bed.

② How _____ _____ describe your personality?

③ You should look _____ _____ .

📢 발음 TIPS

personality 강세 연습하기

personality는 per-so-nál-i-ty에 강세가 있습니다. 특히 긴 단어를 발음 연습하실 땐 강세를 더 잘 챙기셔야 합니다. 다음 문장들을 통해서 같이 연습해 볼까요?

예문 I have an extroverted **personality**. 나는 외향적인 성격을 지녔어요.
 [펄스낼러리]
예문 I have an introverted **personality**. 나는 내성적인 성격을 지녔어요.
 [펄스낼러리]

🔔 정답
① I made your bed. 난 너의 이부자리를 정리했어. 💬 [mei ʤuər, 메이쥬얼]
② How would you describe your personality? 당신의 성격을 어떻게 묘사하시겠습니까? 💬 [wu ʤu:, 워쥬]
③ You should look around you. 넌 네 주위를 둘러볼 필요가 있어. 💬 [ə-raun ʤu:, 어라운 쥬]

MP3 & 저자강의 Day 062

DAY 062

tree
나무

tree [트리]? [츄리]?

우리도 크리스마스 '츄리'라고도 하지요? 원래 tree는 스펠링 상으로도 [트리]가 맞을 것 같은데, 실제 들어보면 정말 [츄리]처럼 들릴 때도 많습니다. 왜 그런 걸까요? /tr-/ 패턴일 때 그렇습니다. Day 60에서 배웠던 현상과 비슷합니다.

tree

/tr-/ 패턴일 때 [츄]로 바뀔 수 있다.

 예문을 통해 위에서 배운 내용을 확인해보세요.

What a huge christmas tree! 정말 큰 크리스마스트리야!
[triː] → [tʃriː, 츄리]

I want to travel the world. 난 세계를 여행하고 싶어.
[træ-vəl] → [tʃræ-vəl, 츄뤠블]

I'll set up the tripod. 내가 삼각대를 설치할 게.
[trai-pad] → [tʃrai-pad, 츄롸이팟]

Practice

 회화 문장으로 연습해보세요.

I'll tell the truth. 내가 진실을 말할게요.
[truːθ] → [tʃruːθ, 츄루쓰]

I love walking down the street. 난 길을 거니는 것을 좋아해.
[striːt] → [stʃriːt, 스츄릿]

Trim the sides, but don't touch the top.
[trim] → [tʃrim, 츄림]   (머리) 옆은 다듬고, 윗부분은 만지지 마세요.

 문장을 듣고 받아 써보세요.

① I'm a _____ here.

② What is the capital of _____?

③ The teacher's voice is always _____.

발음 TIPS

street의 발음

Day 14에서 '자음 셋일 때 가운데 자음이 빠진다'라고 배웠는데, street에서도 [str]의 자음 셋이니 [t] 빼서 [스륏]으로 해도 되는지 궁금하실 수도 있습니다. 결론부터 말씀드리면 안 됩니다. '길'이라는 뜻의 street은 [s, t, r, i:, t]이라는 5개 소리가 온전히 있어야 뜻이 파괴되지 않습니다. 한 단어 자체에서 자음이 셋이라고 빼면 의미가 깨지게 됩니다. 반드시 [striːt, 스츄류~잇]으로 발음해주셔야 합니다.

정답
① I'm a <u>stranger</u> here. 난 이곳이 처음이야. [stʃreindʒər, 스츄웨인저]
② What is the capital of <u>Australia</u>? 호주의 수도는 무엇입니까? [ɔ-stʃreiliə, 어-스츄웨일랴]
③ The teacher's voice is always <u>strong</u>. 그 선생님의 목소리는 항상 우렁차. [stʃrɔŋ, 스츄뤙]

DAY 063 dream 꿈

dream [드림]? [쥬림]?

Day 62와 비슷한 패턴입니다. /d/와 /r/이 만날 때, 즉 /dr-/ 형태가 될 때 [쥬] 소리로 바뀔 수 있습니다. 예를 들면 다음과 같습니다. '꿈'을 영어로 우리는 [드림]이라고 하지만, 원어민은 [쥬림]처럼 발음합니다. 소리가 아주 많이 바뀌는 것은 아니지만, 그래도 조금의 변화라도 정리해 두신다면 리스닝 실력에 보탬이 될 수 있습니다.

dream

/dr-/ 패턴일 때 [쥬]로 바뀔 수 있다.

 예문을 통해 위에서 배운 내용을 확인해보세요.

I want to make my dream come true. 난 내 꿈이 이루어지게 하고 싶어.
[dri:m] → [ʤri:m, 쥬림]

I'm driving. 난 운전하고 있어요.
[drai-viŋ] → [ʤrai-viŋ, 쥬롸이빙]

You can see dragonflies anywhere. 잠자리들을 어디서든 볼 수 있어.
[dræ-gən-flaiz] → [ʤræ-gən-flaiz, 쥬래근플라이즈]

Practice

💬 회화 문장으로 연습해보세요.

Let the hair air-dry. 머리를 자연 바람에 말리세요.
[drai] → [ʤrai, 쥬롸이]

I'm a hundr**ed seventy-six centimeters tall.**
[hʌn-dred] → [hʌn-ʤred, 헌-쥬뤳]   내 키는 176센티미터야.

I'm going to dro**p by your place.** 내가 너의 집에 들를게.
[drap] → [ʤrap, 쥬랍]

 문장을 듣고 받아 써보세요.

① _____ is my best friend.

② _____ a rectangle on the board.

③ I need to _____ 50,000 won from the ATM.

발음 TIPS

Internet이 [이너넷]으로 들리는 이유

Internet이 [이너넷]으로 들리는 이유는 '모음+nt+모음'이기 때문입니다. 이때 /t/가 들리지 않을 수 있습니다. I'm a hundred seventy-six centimeters tall.에서 nt는 다 모음 사이에 있으므로 seventy가 [세브니]로, centimeters가 [세니미럴스]로 들리고 있습니다.

예문 My grandfather is seventy years old. 내 할아버지는 일흔이셔.
　　　　　　　　　　[세브니]

예문 It is ten centimeters long. 그것은 길이가 10센티미터야.
　　　　　　　[세니미럴스]

🔔 정답
① <u>Andrew</u> is my best friend. 앤드류는 내 베스트 프렌드야. 💬 [ænˈʤruː, 앤쥬루]
② <u>Draw</u> a rectangle on the board. 그 보드에 직사각형을 그리세요. 💬 [ʤrɔ, 쥬뤄]
③ I need to <u>withdraw</u> 50,000 won from the ATM. 난 ATM에서 5만 원을 인출해야 해. 💬 [wiθˈʤrɔ, 윗쥬롸]

원어민 MP3와 저자 해설강의를 들어보세요.

Chapter 12

우리에게 익숙해진 '잘못된 발음'

MP3 & 저자강의 Day 064

DAY 064
together
함께

together가 [트게덜]로 들려요. 'to-' 듣기

> 한국 사람이라면 to의 발음이 [투]이니 together도 [투게덜]로 들릴 것 같다는 생각을 하실 수 있습니다. 그러나 together는 [트게덜]로 들립니다. 딱 네 가지만 공부해 봅시다. together[트게덜], today[트데이], tonight[트나잇], tomorrow[트말-오우].

together
to의 소리는 [투]가 아닌 [트]

 예문을 통해 위에서 배운 내용을 확인해보세요.

Let's do it **together**. 그거 함께 합시다.
[트게덜]

Today is Wednesday. 오늘은 수요일입니다.
[트데이]

Can you feel the love **to**night? 당신은 오늘 밤 사랑을 느낄 수 있나요?
[트나잇]

Practice

💬 회화 문장으로 연습해보세요.

See you to̲morrow. 내일 만나요.
  [트말-오우]

How are you to̲day? 오늘 기분 어때요?
  [트데이]

Let's get to̲gether and study English. 함께 모여서 영어공부하자.
  [트게덜]

 문장을 듣고 받아 써보세요.

① What's on _____ _____?

② What'll you _____ _____?

③ Don't forget to get up early _____ morning.

📣 **발음 TIPS**

study의 원어민 발음법

study의 발음은 [스터디]는 아닙니다. [s떠리]처럼 발음해보세요. 대신 [떠]는 짧을수록 자연스러운 소리입니다. 불필요하게 [스떠~리] 처럼 끌지 말아 보세요!

예문 I like to **study** English. 나는 영어 공부를 좋아해.
   [s떠리]

예문 I **study** English pronunciation. 나는 영어 발음을 공부해.
   [s떠리]

🔔 **정답**
① What's on <u>TV tonight</u>? 오늘 밤 TV에서 뭐 하나요? 💬 티비 트나잇
② What'll you <u>do tonight</u>? 오늘 밤 뭐 할 건가요? 💬 두 트나잇
③ Don't forget to get up early <u>tomorrow</u> morning. 내일 아침 일찍 일어나는 거 잊지 마. 💬 트말-오우

MP3 & 저자강의 Day 065

potato
감자

potato가 [프테이로우]로 들려요. 'po-' 듣기

> potato의 한국인의 발음은 [포테토], [포에이토] 등등 다양합니다. 그러나 원어민에게 들어볼 수 있는 가장 자연스러운 소리는 [프테이로우]입니다. 흔히들 po-를 [포] 소리로 기대하곤 하는데, [포]보다는 [프]에 가까운 소리가 더 자연스럽습니다.

po**tato**

po-의 소리는 [포]가 아닌 [프]이다.

예문을 통해 위에서 배운 내용을 확인해보세요.

Do you want some potato** chips?** 감자칩 좀 먹을래요?
[프테이로우]

He has a lot of potential.** 그는 많은 잠재력이 있다.
[프텐셜]

Peanuts contain lots of potassium.** 땅콩엔 많은 칼륨이 들어있다.
[프태시음]

 **Practice**

 회화 문장으로 연습해보세요.

Where is the <u>po**li**ce</u> station? 경찰서가 어디 있나요?
[플리-스]

It is not <u>po**li**te</u> to speak loudly. 크게 말하는 건 예의 바르지 않다.
[플라잇]

He is kind of a <u>po**ss**essive</u> person. 그는 좀 소유욕이 있는 편이야.
[프제시브]

 문장을 듣고 받아 써보세요.

① Yawning is considered _____.

② I think it is _____ dangerous.

③ North Korea _____ nuclear weapons.

발음 TIPS

police station 연음 방법

Day 9에서 배웠던 '같은 소리 연결법'을 적용시키면 쉬워요. police의 끝 /-s/ 소리랑 station의 첫 /s-/소리는 같죠? 끊을 필요 없이 연결해 보세요. [플리 스떼이션]처럼요.

예문 He was not taken to the police station. 그는 경찰서로 끌려가지 않았다.
[플리 스떼이션]

예문 I'm in front of the police station. 나는 경찰서 앞에 있어.
[플리 스떼이션]

정답 ① Yawning is considered <u>impolite</u>. 하품하는 것은 무례한 것으로 여겨진다. 💬 임플라잇
② I think it is <u>potentially</u> dangerous. 그것은 잠재적으로 위험하다고 생각해요. 💬 프텐셜리
③ North Korea <u>possesses</u> nuclear weapons. 북한은 핵무기를 보유하고 있다. 💬 프제-시즈

🎧 MP3 & 저자강의 Day 066

DAY 066

typically
보통

typically가 [티피끌리]로 들려요. '-cally' 듣기

> Day 65에서는 엄청 쉬운 원 포인트 전략을 알려드릴까 합니다. '-cally'로 끝나는 단어는 무조건 [끌리]로 발음하시면 됩니다. 한국 사람이라면 [-컬리]라는 소리를 기대하겠지만, 실제 원어민의 소리는 [-끌리]입니다.

typically
[티피끌리]로 들린다.

-cally에서 a의 소리가 들리지 않는다고 봐도 무방합니다.

 예문을 통해 위에서 배운 내용을 확인해보세요.

I **typically** get up at 5 in the morning. 난 보통 아침 5시에 일어나요.
[티피끌리]

Realis**tically** speaking, I don't think he'll make it.
[뤼얼리스띠끌리] 현실적으로 말해서, 난 그가 그걸 해낼 거라 생각 안 해요.

The books were strate**gically** placed.
[스츄뤄-티지-끌리] 그 책들이 전략적으로 배치되어 있어요.

Practice

💬 회화 문장으로 연습해보세요.

He's basi**cally** harmless. 그는 기본적으로 악의가 없어요.
[베이씨끌리]

I'm physi**cally** feeling better. 몸이 나아졌어요.
[피지끌리] *ㅍ 발음 말고 /f/ 발음인 거, 아시죠?

Histori**cally**, Dokdo is Korean territory.
[히스-또얼-이-끌리]   역사적으로, 독도는 한국 영토이다.

✏️ 문장을 듣고 받아 써보세요.

① I _____ changed my personality.

② _____, children want to learn English.

③ _____, his English was good.

 발음 TIPS

territory 발음 방법

territory(영토)의 발음은 다음 순서로 하면 어렵지 않습니다.

① 일단 terr-[테얼] 까지 발음하고,
② -i- 발음을 하지 않고 있다가,
③ -tor- [토얼]까지 또 발음하고, [이]만 붙이면 끝!

예문 Bermuda is British territory. 버뮤다는 영국 영토이다.
[테얼-토얼-이]

🏆 정답 ① I <u>dramatically</u> changed my personality. 나는 극적으로 내 성격을 바꿨다. 💬 쥬러매리끌리
② <u>Statistically</u>, children want to learn English. 통계적으로 아이들은 영어를 배우길 원한다. 💬 스떠티스띠끌리
③ <u>Ironically</u>, his English was good. 아이러니하게도 그는 영어를 잘 했다. 💬 아이롸니끌리

MP3 & 저자강의 Day 067

DAY 067 Croatia
크로아티아

Croatia가 [크로우에이샤]로 들려요. '-tia-' 듣기

우리가 알고 있는 소리와 다른 나라 이름은 아주 많습니다. 크로아티아도 그런 경우입니다. 그러나 다행히 크로아티아에는 패턴이 있습니다. '-tia-'일 땐 [-ʃə-, 셔, 혹은 샤]로 들립니다. 그래서 [크로우에이샤]가 됩니다.

Croatia

[크로우에이샤]로 들린다.

나라 이름은 강세가 중요합니다.
Croátia는 [크로우-에이-샤]처럼, a에 강세가 있습니다.

 예문을 통해 위에서 배운 내용을 확인해보세요.

Are you from Croatia? 넌 크로아티아 출신이니?
[크로우에이샤]

I have a feeling of inertia. 난 무력감을 느껴요.
[이널샤]

They want to take the initiative. 그들은 주도권을 쥐길 원해요.
[이니셔리브]

Practice

💬 회화 문장으로 연습해보세요.

Dalma<u>tia</u>ns are one of my favorite breeds.
[댈메이션스]   달마시안은 내가 좋아하는 품종 중 하나야.

Donald Trump won the presiden<u>tial</u> election.
도널드 트럼프가 대선에서 승리했어.   [프레지덴셜]

What is the best way to ward off demen<u>tia</u>?
치매를 피하기 위한 최고의 방법은 무엇인가?   [디멘샤]

📝 문장을 듣고 받아 써보세요.

❶ Talk to your _____.

❷ Do _____ exist?

❸ We have to solve these _____ problems.

📢 발음 TIPS

Donald Trump 발음

Donald의 발음은 [da-nəld, 다널드]입니다.
Trump의 발음은 [trʌmp, 츄럼프]입니다(Day 62에서 배웠던 방법을 써먹어보세요).

예문 Donald Trump was born in New York. 도널드 트럼프는 뉴욕에서 태어났다.
      [da-nəld trʌmp, 다널드 츄럼프]
예문 Nice to meet you, Donald. 만나서 반갑습니다, 도널드.
      [da-nəld, 다널드]

🔔 정답 ① Talk to your dietitian. 당신의 영양사에게 말씀하세요. 💬 다이어티션
         ② Do Martians exist? 화성인들이 존재할까? 💬 마션스
         ③ We have to solve these potential problems. 우리는 이러한 잠재적인 문제들을 해결해야 해. 💬 프텐셜

🎧 MP3 & 저자강의 Day 068

basic
기본적인

basic이 [베이식]으로 들려요. '-s-' 듣기

basic은 영어임에도 거의 우리말처럼 쓰이는 단어이다 보니 아직도 [베이직]이란 소리로 잘못 알고 있는 분들이 많습니다. [베이직]은 잘못된 소리이고 [베이식]이 맞습니다. 추가로 loose를 우리는 [루즈]라고 하지만, 실제 소리는 [lu:s, 루스]이고, casino를 [카지노]라고 하지만, 실제 소리는 [kə-si:-nou, 커시노우]입니다.

ba**s**ic

[베이직]으로 잘못 알고 있지만,
실제 발음은 [bei-sik, 베이식]

 예문을 통해 위에서 배운 내용을 확인해보세요.

You should learn the ba**s**ics of grammar.
　　　　　　　　　　[bei-siks, 베이식스]　　　넌 문법의 기본들을 배워야 해.

I like to wear loo**s**e-fitting shirts.
　　　　　　　　[lu:s, 루스]　　　　　난 느슨한 핏의 셔츠 입는 것을 좋아해.

Have you ever been to the Gangwon Land Ca**s**ino?
너 강원랜드 카지노에 가본 적 있어?　　　　　　　[kə-si:-nou, 커시노우]

Practice

💬 회화 문장으로 연습해보세요.

I'll let loose and have a blast. 난 마음대로 하고 즐겁게 보낼 거야.
　　　　[lu:s, 루스]

You have to stick to the basics. 넌 기본기에 충실해야 해.
　　　　　　　　　　　　[bei-siks, 베이식스]

Do you work at the casino? 카지노에서 일하세요?
　　　　　　　　　[kə-si:-nou, 커시노우]

 문장을 듣고 받아 써보세요.

❶ That will meet their _____ needs.

❷ Did he lose his _____ change?

❸ Children are forbidden from entering the _____.

📣 발음 TIPS

loose and 연음하기

loose는 [루즈]가 아닌 [lu:s, 루스]라고 설명드렸습니다. 끝소리를 정확히 알고 있어야 원어민과 같은 연음으로 소리연결이 가능하므로, loose를 [lu:s]로 발음할 줄 아는 것은 중요합니다. and의 빠른 소리는 [ən]이기 때문에 loose and를 연음하면 다음과 같이 됩니다.

$$[lu:s\ ən] \rightarrow [lu:\ sən]$$
　　　　　　　　　　[루 쏜]

🔔 정답　① That will meet their <u>basic</u> needs. 그것은 그들의 기본 욕구들을 충족시킬 것이다. 💬 [bei-sik, 베이식]
　　　② Did he lose his <u>loose</u> change? 그는 잔돈을 잃어버렸나요? 💬 [lu:s, 루스]
　　　③ Children are forbidden from entering the <u>casinos</u>. 아이들은 카지노 입장이 금지되어 있다.
　　　　💬 [kə-si:-nou, 커시노우]

market
시장

market이 [마낏]으로 들려요. '-ket' 듣기

market 역시 우리말처럼 쓰이는 외국어이죠. 우리는 [마켓]이라고 발음합니다. 그러나 원어민의 발음은 [말-낏]입니다. '-ket'의 발음을 잘 들어보셔야 하는데요. '-ket'의 발음은 [켓]이 아니라, [낏]입니다. '-ket'으로 끝나는 단어는 무조건 [-낏]으로만 들으시면 됩니다.

market

[마켓]으로 잘못 알고 있지만
실제 발음은 [mar-kit, 말-낏]

 예문을 통해 위에서 배운 내용을 확인해보세요.

I bought some good items at a flea market.
난 몇몇 좋은 물건들을 벼룩시장에서 샀어.   [mar-kit, 말낏]

I like basketball. 난 농구를 좋아해.
[bæs-kit bɔl, 배스낏 버얼]

Don't forget to take your jacket. 재킷 챙기는 거 잊지 마.
[dʒæ-kit, 줴낏]

Practice

 회화 문장으로 연습해보세요.

Tom got a free tic<u>ket</u>. 탐은 무료 티켓을 얻었어.
[ti-kit, 티낏]

Do you have a badminton rac<u>ket</u>? 너 배드민턴 라켓 있어?
[ræ-kit, 뤠낏]

There are many pickpoc<u>ket</u>s on the street.
[pik-pa-kits, 픽파낏스]   길에 소매치기들이 많이 있어요.

📝 문장을 듣고 받아 써보세요.

① I like when _____ sing.

② I need a warm _____.

③ Can you put the plug into that _____?

발음 TIPS

badminton의 발음

① [배앳–]을 먼저 발음하고 있다가, ([배트]가 아님)
② [–민튼]만 붙이면 됩니다! ([턴]이 아니라 [튼])

예문 I like to play badminton. 나는 배드민턴 치는 것을 좋아해.
[배앳-민튼]

예문 Let's play badminton! 배드민턴 치자!
[배앳-민튼]

🔔 정답 ① I like when <u>crickets</u> sing. 나는 귀뚜라미들이 우는 때를 좋아한다. 💬 [kri-kits, 쿠뤼낏스]
② I need a warm <u>blanket</u>. 나는 따뜻한 담요가 필요해요. 💬 [blæ-kit, 블랭~낏]
③ Can you put the plug into that <u>socket</u>? 그 플러그를 소켓에 꼽을 수 있나요? 💬 [sa-kit, 싸낏]

DAY 070

island
섬

island가 [아일런드]로 들려요. '-land' 듣기

> 직청직해의 관건은 원어민의 소리와 실제 내가 내는 소리가 얼마나 비슷하냐에 달렸습니다. '-land'를 우리는 [-랜드]라고 하지만, 실제 원어민의 소리는 [-lənd, -런드]입니다. 다른 단어도 같이 살펴보겠습니다.

is land

[아일랜드]로 잘못 알고 있지만,
실제 발음은 [ai-lənd, 아일런드]

예외 딱 하나만 기억하시면 됩니다.
Thailand(태국)만 [타일랜드]라고 합니다.

 예문을 통해 위에서 배운 내용을 확인해보세요.

I've never been to Jeju Island. 난 제주도에 가본 적이 없어요.
[ai-lənd, 아일런드]

The largest island in the world is Greenland.
세계에서 가장 넓은 섬은 그린란드이다. [griːn-lənd, 그린런드]

Queensland is famous for its pineapples.
[kwiːnz-lənd, 쿠인즐런드]   퀸즐랜드는 파인애플로 유명하다.

Practice

💬 회화 문장으로 연습해보세요.

How's the weather in Iceland**?** 아이슬란드의 날씨는 어떤가요?
[ais-lənd, 아이슬런드]

What is the capital of Ireland**?** 아일랜드의 수도는 어디인가요?
[aiər-lənd, 아이얼런드]

I want to travel to Finland **someday.**
[fin-lənd, 핀런드]   언젠가 핀란드에 여행 가고 싶어요.

✏️ 문장을 듣고 받아 써보세요.

① I like the flag of _____.

② I once lived in New _____ with my wife.

③ Do you want to study abroad in _____?

발음 TIPS

island(섬)와 Ireland(아일랜드)의 발음 차이

발음기호를 보시면 차이를 알게 됩니다.

island vs. Ireland
[ai-lənd]   [aiər-lənd]

island에는 r 발음이 전혀 없습니다. 그냥 [아일런드]라고 하면 되니 쉽습니다.
반면 Ireland에는 r 발음이 있습니다. [아이얼런드]라고 하셔야 합니다.

🔔 정답
① I like the flag of Scotland. 나는 스코틀랜드 국기를 좋아해. 💬 [skat-lənd, 스깟-런드]
② I once lived in New Zealand with my wife. 나는 한때 내 와이프와 뉴질랜드에 살았어요. 💬 [zi:-lənd, 질-런드]
③ Do you want to study abroad in England? 영국에서 유학하고 싶니? 💬 [iŋg-lənd, 잉글-런드]

원어민 MP3와 저자 해설강의를 들어보세요.

Chapter 13

원어민만 아는 '축약형 소리 듣기'

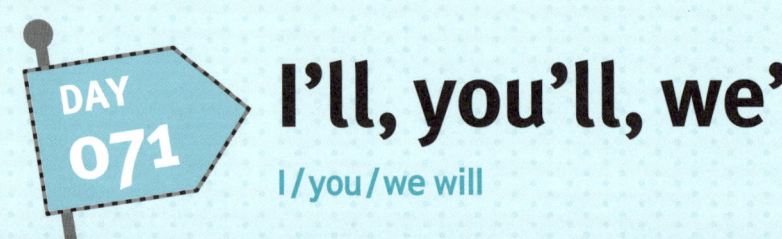

DAY 071 I'll, you'll, we'll
I / you / we will

will 축약형 듣기

> Day 71부터는 축약형 소리를 배워 볼 텐데요. 초급이신 분들에게 아주 유용한 리스닝 기술이 될 거라 확신합니다. I will의 축약형인 I'll, you will의 축약형인 you'll, we will의 축약형인 we'll, 이렇게 세 가지를 먼저 배워 보겠습니다.

I'll

[al, 알]이라고 적었지만, 소리를 '뒤로' 보내야 한다.

'혀뿌리를 입 안쪽으로 당기'는 것이 핵심인데요.
우리말 [알]처럼 소리가 앞 방향으로 깨끗하게 나가는 소리가 나면 안 됩니다.
소리의 방향을 입 안쪽으로, 뒤로 보낸다는 마인드로 소리를 내보시기 바랍니다.
you'll은 [yəl, 열], we'll은 [wi:l, 윌]로 들릴 것입니다.

예문을 통해 위에서 배운 내용을 확인해보세요.

I'll see you on Thursday. 목요일에 볼게요.
[al, 알]

You'll be fine. 넌 괜찮을 거야.
[yəl, 열]

We'll see. 우린 곧 알게 될 거야.
[wil, 윌]

Practice

💬 회화 문장으로 연습해보세요.

I'll be back in ten minutes. 10분 후에 돌아올게요.
[al, 알]

You'll love it. 넌 그걸 좋아할 거야.
[yəl, 열]

We'll be on the same page. 우리는 같은 생각일 거예요.
[wil, 윌]

✏️ 문장을 듣고 받아 써보세요.

① _____ have to call in sick.

② _____ be late.

③ _____ do it right away.

발음 TIPS

right away 연음하기

모음 사이의 /t/는 굴려 연음할 수 있지요. right의 /-t/는 모음 사이에 있습니다. 그러므로 [롸이러웨이]처럼 연음될 수 있습니다.

right away
[rait ə-wei]

예문 I have to report that right away. 난 그걸 바로 보고해야 해.
[rait ə-wei, 롸이러웨이]

🔔 정답
① I'll have to call in sick. 난 전화로 병가를 낼 거야. 💬 [al, 알]
② You'll be late. 넌 늦을 거야. 💬 [yəl, 열]
③ We'll do it right away. 우린 그걸 바로 할 거야. 💬 [wil, 윌]

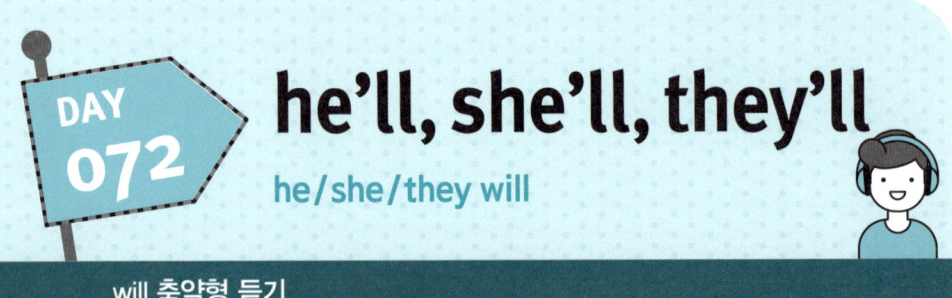

will 축약형 듣기

he'll(he will), she'll(she will), they'll(they will)도 마찬가지입니다. 혀뿌리를 뒤로 당기면서 소리를 입 안쪽으로 보낸다는 느낌으로 발음해주시면 됩니다. 예시 문장을 통해서 더 확인해 보겠습니다.

he'll

[hi:l, 힐]이라고 적었지만, 소리를 '뒤로' 보내야 한다.

she'll은 [ʃil, 쉴], they'll은 [ðeil, 데일]로 각각 들립니다.

 예문을 통해 위에서 배운 내용을 확인해보세요.

He'll be there in a minute. 그가 금방 거기 갈 거예요.
[hil, 힐]

She'll forget about what you did last night.
[ʃil, 쉴] 그녀는 네가 지난밤 했던 것에 대해 잊을 거야.

Let's hope **they'll** stay healthy. 그들이 건강을 유지하기를 바랍시다.
[ðeil, 데일]

Practice

💬 회화 문장으로 연습해보세요.

I think he'll make it. 난 그가 해낼 것이라고 생각해.
[hil, 힐]

She'll just go shopping with her boyfriend.
[ʃil, 쉴] 그녀는 그냥 남자친구랑 쇼핑 갈 거야.

They'll be thrilled. 그들은 아주 기쁠 거야.
[ðeil, 데일]

 문장을 듣고 받아 써보세요.

❶ _____ never forget you.

❷ _____ make breakfast for you.

❸ _____ enjoy their lovely life.

just go의 연음 방법

Day 14에서 배웠던 '자음＋자음＋자음'일 때 가운데 자음 빼기 연결법을 적용시켜보시면 쉽습니다. 아울러 go는 [고]가 아닌 [gou, 고우]처럼 해야 원어민다운 영어 발음을 구사하는 것이라는 점도 챙겨두시기 바랍니다.

just go
[ʤʌst gou] → [ʤʌs gou]
 [줘스트 고우]   [줘스 고우]

🌟 정답
① He'll never forget you. 그는 결코 널 잊지 않을 거야. 💬 [hi:l, 히일]
② She'll make breakfast for you. 그녀는 널 위해 아침을 만들 거야. 💬 [ʃi:l, 쉬일]
③ They'll enjoy their lovely life. 그들은 그들의 멋진 삶을 즐길 거야. 💬 [ðeil, 데일]

DAY 073 it'll, that'll
it / that will

will 축약형 듣기

it will의 축약형인 it'll과 that will의 축약형인 that'll의 소리는 중요합니다. /t/의 소리가 달라지기 때문인데요. Day 1에서 여러분이 가장 먼저 배웠던 것이 바로 '모음 사이의 /t/ 굴리기'였습니다. 바로 그 기술이 it'll에 적용됩니다! it'll의 발음기호가 [itəl]입니다. 모음 사이의 /t/가 보이시나요? 원래 소리는 [이틀]이겠지만, 굴려진다면 [이를]로 들리게 됩니다.

it'll

[itəl]이지만 모음 사이의 /t/이므로 [이를]로 들린다.

that'll[ðætəl]도 마찬가지로 모음 사이의 /t/입니다.
굴려져서 [대를]로 들립니다.

 예문을 통해 위에서 배운 내용을 확인해보세요.

It'll happen to you. 그건 너에게 일어날 거야.
[itəl, 이를]

That'll cost a lot of money. 그건 돈이 많이 들 거야.
[ðætəl, 대를]

It'll take about an hour. 그건 약 한 시간 걸릴 거야.
[itəl, 이를]

Practice

회화 문장으로 연습해보세요.

It'll be exciting. 그건 재밌을 거야.
[itəl, 이를]

That'll be helpful. 그건 도움이 될 거야.
[ðætəl, 대를]

It'll begin at 5 o'clock sharp. 그건 정각 5시에 시작할 거야.
[itəl, 이를]

문장을 듣고 받아 써보세요.

1 _____ be 5,000 won.

2 _____ be rainy tomorrow morning.

3 _____ be a priceless moment.

helpful 발음 방법

/p/는 양입술이 붙습니다. 반면 /f/는 윗니와 아랫입술이 붙지요. /p/ 발음에서 갑자기 /f/를 발음하기란 결코 쉽진 않습니다. 양 입술을 붙였다가 갑자기 아랫입술을 써야 하기 때문인데요. 초보자들은 'help-'를 발음하면서도 그 다음의 /f/ 소리를 미리 걱정합니다. 그래서 /p/ 발음을 위해 양 입술이 붙기도 전에 /f/발음 준비를 하고 있는 경우가 많습니다.

① 일단 **help**만 발음합니다.
② /-p/이니 양 입술 꽉 붙어있죠?
③ 이제 됐습니다. 나머지 '-ful' 발음만 해 주시면 끝.

정답
① **That'll** be 5,000 won. 5천원 일거야. [ðætəl, 대를]
② **It'll** be rainy tomorrow morning. 내일 아침에 비가 올 거예요. [itəl, 이를]
③ **That'll** be a priceless moment. 소중한 순간이 될 거예요. [ðætəl, 대를]

DAY 074

I'd, you'd, we'd
I / You / We would (had)

would, had 축약형 듣기

> would 혹은 had가 축약될 때 'd로 표기하는데요. I'd는 [aid, 아잇]처럼 들립니다. I[ai, 아이]에다가 [d]만 갖다 붙이면 완성됩니다. you would, we would도 함께 살펴보도록 하겠습니다.

I'd

I[ai, 아이]에 'd만 붙여 [aid, 아잇]처럼 들린다.

you would 혹은 you had의 축약형은 you'd[yu:d, 유웃]으로,
we would 혹은 we had의 축약형은 we'd[wi:d, 위잇]으로 들리게 됩니다.

 예문을 통해 위에서 배운 내용을 확인해보세요.

I'd love to learn some more. 난 좀 더 배우고 싶어.
[aid, 아잇](= I would)

If **you'd** like to call me, here's my number.
[yu:d, 유웃](= You would)   나에게 전화하고 싶다면, 여기 내 번호야.

We'd hurry. 우린 서두르겠다.
[wi:d, 위잇](= We would)

Practice

💬 회화 문장으로 연습해보세요.

I'd like a map of Copenhagen. 코펜하겐 지도를 원해요.
[aid, 아잇](= I would)

You'd better keep your voice down. 목소리를 낮추는 게 좋을 거야.
[yu:d, 유웃](= You had)

We'd better get some sleep. 우린 좀 자는 게 좋을 거야.
[wi:d, 위잇](= We had)

✏️ 문장을 듣고 받아 써보세요.

① _____ like your honest opinion on something.

② You said _____ get up early in the morning.

③ _____ like to buy those clothes.

 발음 TIPS

I like과 I'd like의 소리 차이

I like는 소리가 끊기지 않고 연결됩니다.
반면 I'd like은 I'd 다음에 살짝 소리가 멈춥니다. 끊기는 느낌이 느껴지지요.

I like a map of Copenhagen.
[아일~라이꺼]

I'd like a map of Copenhagen.
[아잇!라이꺼]

🏆 정답
① <u>I'd</u> like your honest opinion on something. 난 어떤 것에 대한 너의 솔직한 의견을 원해. 💬 [aid, 아잇]
② You said <u>you'd</u> get up early in the morning. 아침에 일찍 일어나겠다고 넌 말했지. 💬 [yu:d, 유웃]
③ <u>We'd</u> like to buy those clothes. 우리는 그 옷을 사고 싶어요. 💬 [wi:d, 위잇]

DAY 075 he'd, she'd, they'd

he / she / they would (had)

would, had 축약형 듣기

> he'd도 마찬가지입니다. he would 혹은 he had가 축약될 때 he'd로 표기합니다. 소리는 he'd[hi:d, 히잇]으로 들립니다. she would, they would 역시 마찬가지인데요. 함께 살펴보겠습니다.

he'd

[hi:d, 히잇]으로 들린다.

she would/had의 축약형인 she'd는 [ʃi:d, 쉬잇]으로 들립니다.
they would/had의 축약형인 they'd는 [ðeid, 데잇]으로 들립니다.

💬 예문을 통해 위에서 배운 내용을 확인해보세요.

He'd rather leave now. 그는 차라리 지금 떠나는 것이 낫다.
[hi:d, 히잇](= he would)

She'd travel to Japan. 그녀는 일본으로 여행할 거야.
[ʃi:d, 쉬잇](= she would)

They'd hang out with their kids.
[ðeid, 데잇](= they would)   그들은 그들 아이들과 시간을 보내곤 했다.

# Practice

 회화 문장으로 연습해보세요.

He'd rather stay home. 그는 차라리 집에 있는 게 좋겠어.
[hi:d, 히잇](= he would)

She'd like to clean up the desk. 그녀는 책상을 치우고 싶어 해.
[ʃi:d, 쉬잇](= she would)

They'd like to bury the hatchet. 그들은 화해하고 싶어 해.
[ðeid, 데잇](= they would)

📝 문장을 듣고 받아 써보세요.

① _____ like to meet her.

② _____ _____ it if she'd hang up the phone.

③ _____ a science project.

발음 TIPS

bury the hatchet의 정확한 원어민 발음

bury(땅에 묻다)의 정확한 발음은 [beər-i, 베얼-이]입니다. [버리]처럼 틀리게 발음하지 않게 주의하세요. 아울러 [베리]처럼 r 발음이 [ㄹ] 발음이 되지 않도록 신경 써서 발음해주세요. 또한 hatchet(손도끼)도 발음기호를 보면서 발음을 정확히 챙깁시다. [hæ-tʃit, 해칫]이 원어민 발음입니다. [하쳇]처럼 잘못된 발음을 하지 않게 주의해주세요.

예문 I'm glad that we could bury the hatchet. 화해할 수 있게 되어 기쁩니다.
[beər-i, 베얼-이], [hæ-tʃit, 해칫]

 정답
① He'd like to meet her. 그는 그녀를 만나고 싶어 해요. 💬 [hi:d, 히잇]
② I'd appreciate it if she'd hang up the phone. 그녀가 전화를 끊어주시면 감사하겠습니다. 💬 [아이 러푸뤼시에잇]
③ They'd do a science project. 그들은 과학 프로젝트를 하곤 했어요. 💬 [ðeid du:, 데이잇- 두]

MP3 & 저자강의 Day 076

DAY 076

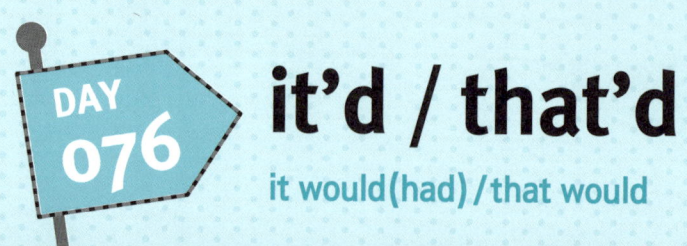

it'd / that'd
it would(had) / that would

would, had 축약형 듣기

> it'd는 [itəd]인데, 모음 사이의 /t/를 굴리므로 [이륻]처럼 들립니다. 이 챕터를 배우지 않으면 결코 원어민처럼 듣고 말하기 어려울 것입니다. 한국 사람이라면 it'd나 that'd를 보고 발음을 유추해내기 바쁘겠지만, 여러분은 확실한 원리를 통해 그 누구보다 가장 정확하게 소리를 이해하고 습득하시기 바랍니다.

it'd

[itəd, 이륻]으로 들린다.

that'd[ðætəd]도 마찬가지입니다.
모음 사이의 /t/를 굴려서 [대륻]처럼 들립니다.

 예문을 통해 위에서 배운 내용을 확인해보세요.

It'd be great if we go together. 우리가 함께 간다면 좋겠다.
[itəd, 이륻](= It would)

That'd be a good opportunity. 그건 좋은 기회일 거야.
[ðætəd, 대륻](= That would)

It'd be really nice to read many books.
[itəd, 이륻](= It would)　　　　　　많은 책을 읽는 것은 정말 좋을 거야.

Practice

💬 회화 문장으로 연습해보세요.

It'd be wonderful if I get a job. 내가 직업을 갖는다면 좋겠어.
[itəd, 이롯](= It would)

That'd be much more fun. 그게 훨씬 더 재밌을 거야.
[ðætəd, 댓롯](= that would)

It'd be nice to do something for you.
[itəd, 이롯](= It would) 널 위해 뭔가를 하는 것이 좋을 거야.

📝 문장을 듣고 받아 써보세요.

① _____ be very helpful.

② _____ be awesome if you don't tell a lie.

③ _____ be easy enough to understand.

발음 TIPS

주의해야 할 it'd의 발음

it'd는 [잇드], that'd는 [댓드]라고 간단히 발음하는 경우도 있는데요, 이렇게 발음하면 틀린 발음이 되고 원어민은 알아 듣기 어렵습니다. 보이는 단어 그대로 따라서 발음하는 것은 잘못된 발음이 될 확률이 높습니다.

예문 It'd be great if you buy me dinner. 네가 나에게 저녁을 산다면 좋을 거야.
[이롯 비]

🔔 정답
① **That'd** be very helpful. 그것이 매우 도움이 될 거야. 💬 [ðætəd, 댓롯]
② **It'd** be awesome if you don't tell a lie. 당신이 거짓말을 하지 않는다면 멋질 것 같아요. 💬 [itəd, 이롯]
③ **That'd** be easy enough to understand. 그것은 이해하기 충분히 쉬울 거야. 💬 [ðætəd, 댓롯]

I've, you've, we've
I / you / we have

have 축약형 듣기

have의 축약형인 've의 소리를 배워보겠습니다. I have의 축약형인 I've는 [aiv, 아이브]로 들립니다. 어쩔 수 없이 한글로 쓰다 보니 [-브]라고 적었지만, 실제 소리는 쉽게 말해서 '바람 빠지는 소리'로 들릴 것입니다. 윗니로 아랫입술을 살포시 터치만 하면서 목소리에 힘이 사라진 느낌의 사운드를 강의와 함께 공부해보시기 바랍니다.

I've

[aiv, 아이브]로 들린다. 단, [-v]는 바람 빠지는 소리이다.

you've는 [yu:v, 유브]로, we've는 [wi:v, 위브]로 들립니다.

 예문을 통해 위에서 배운 내용을 확인해보세요.

I've had enough. 이젠 지긋지긋해
[aiv, 아이브](= I have)

I'm sure you've never heard of it.
　　　　　[yu:v, 유브](= you have)　　　넌 그것에 대해 들어본 적이 없다고 난 확신해.

We've been in Croatia for six years.
[wi:v, 위브](= We have)　　　　　　우리는 6년 동안 크로아티아에 있었어요.

Practice

💬 회화 문장으로 연습해보세요.

That's what I've thought. 그게 바로 내가 생각해왔던 거예요.
[aiv, 아이브](= I have)

You've made a mistake. 넌 실수했어.
[yu:v, 유브](= you have)

We've got to study. 우린 공부해야 해.
[wi:v, 위브](= we have)

📝 문장을 듣고 받아 써보세요.

① _____ heard so much about you.

② I heard that _____ been in Copenhagen.

③ That's what _____ been waiting for.

📢 발음 TIPS

thought의 원어민 발음법

스펠링이 '-ou-'이다 보니, [쏘우트]로 잘못 발음하는 경우가 많습니다. 그러나 '-ou-'에 해당되는 발음기호는 [ɔ]입니다. 이 발음기호를 소리 낼 때 유의해야 할 부분이 있습니다. 입술을 절대 오므리지 않습니다. 굳이 꼭 한글로 써야 한다면 [써어트] 정도입니다.

예문 **I thought it's easy.** 난 그것이 쉽다고 생각했어.
[ɔt, 써어트]

예문 **We thought about that several times.** 우린 그것에 대해 몇 번 생각했는데.
[ɔtə-baut, 써러바웃]

🔔 정답 ① **I've** heard so much about you. 당신에 대해 많이 들어왔어요. 💬 [aiv, 아이브]
② I heard that **you've** been in Copenhagen. 당신이 코펜하겐에 있었다고 들었어요. 💬 [yu:v, 유브]
③ That's what **we've** been waiting for. 그게 바로 우리가 기다려 왔던 거야. 💬 [wi:v, 위브]

195

원어민 MP3와 저자 해설강의를 들어보세요.

Chapter 14

쉬운 단어지만 안 들리는 '된소리로 바뀌는 소리'

MP3 & 저자강의 Day 078

DAY 078

speak
말하다

speak가 [스뻬크]로 들리는 이유

'된소리'라고 설명하는 기술입니다. 리스닝이라기보다 발음 교정에 가까운데요.
s 다음에 오는 [p]를 된소리로 해 주시면 됩니다.
speak와 같은 단어는 [스뻬크]에 가까운 소리로 들리게 됩니다.

s**p**eak

s 다음 p이므로 [스뻬~크]로 발음된다.

s 다음의 /p/를 [뻬]으로 발음해봅시다.

 예문을 통해 위에서 배운 내용을 확인해보세요.

I can s**p**eak English. 난 영어를 말할 수 있어.
[spi:k, 스뻬~크]

Have you ever been to S**p**ain? 스페인에 가본 적 있나요?
[spein, 스뻬인]

I had to be hos**p**italized. 난 입원해야 했어요.
[ha-spi-tə-laizd, 하스뻬를라이즈드]

Practice

 회화 문장으로 연습해보세요.

I was speechless. 난 할 말을 잃었어.
[spiːtʃ-lis, 스삐~취리스]

It is so expensive. 그건 너무 비싸요.
[ikspensiv, 익스뺀시브]

It was a great experience. 그건 훌륭한 경험이었어요.
[ikspiəriəns, 익스삐얼-이언스]

📝 문장을 듣고 받아 써보세요.

① Let me _____ this.

② You gotta _____ his idea.

③ It was more than I _____.

🔊 발음 TIPS

great experience 연음 방법

Day 2에서 배웠던 '모음 사이의 /t/ 굴리기'를 써먹으시면 됩니다. great의 /t/는 모음 사이입니다. 그래서 [그뤠이 릭스삐얼-이언스], 이해되시나요? 다시 한 번 들어보세요.

💬 It'll be a great experience for you. 그건 너에게 훌륭한 경험이 될 거야.
[그뤠이 릭스삐얼-이언스]

💬 I had such a great experience. 난 정말 훌륭한 경험을 했어요.
[그뤠이 릭스삐얼-이언스]

🏆 정답 ① Let me **explain** this. 제가 설명할게요. 💬 [iksplein, 익스쁠레인]
② You gotta **respect** his idea. 넌 그의 아이디어를 존중해야 해. 💬 [rispekt, 뤼스뻭트]
③ It was more than I **expected**. 그건 내가 기대했던 이상이었어. 💬 [ikspekt, 익스뻭띳]

DAY 079

paper
종이

paper가 [페이뻘]로 들리는 이유

paper(종이)를 원어민이 하는 발음을 들어보면 [페이퍼] 보다 [페이뻘]로 들립니다. paper에서 앞에 있는 p는 원래 소리인데, 뒤에 있는 p는 된소리(ㅃ)네요. 왜 그럴까요? 바로 강세 때문에 그렇습니다.

pá-per

강세 있음   강세 없음

앞의 p에는 강세가 있죠? 원래 소리로 들립니다.
뒤의 p에는 강세가 없죠? 된소리 [뻐]로 들립니다.

 예문을 통해 위에서 배운 내용을 확인해보세요.

I want a piece of paper. 난 종이 한 장을 원해요.
[pei-pər, 페이-뻘]

Open the door. 문을 여세요.
[ou-pən, 오우쁜]

He's sleeping. 그는 자고 있어요.
[sliː-piŋ, 슬리~삥]

Practice

 회화 문장으로 연습해보세요.

I'm unhappy with that. 난 그것에 불만족해.
[ʌn-hǽ-pi, 언-해-삐]

It's a nice opportunity. 그건 멋진 기회예요.
[a-pər-tú:-nə-ti, 아-뻘-투-너-리]

What happened? 무슨 일이야?
[hǽ-pənd, 해쁜드]

📝 문장을 듣고 받아 써보세요.

① Let's go _____.

② WMD stands for _____ of Mass Destruction.

③ Where's the lost _____ office?

발음 TIPS

nice opportunity 연음 방법

Day 10에서 배웠던 '앞 단어 뒤로 붙여 연결법'을 써먹으시면 됩니다. nice[nais]의 /-s/를 뒤로 붙여서 [나이싸-뻘-투-너-리]로 연음해 보세요.

예문 I had a **nice opportunity**. 난 좋은 기회를 가졌어.
[나이싸-뻘-투-너-리]

예문 The company offered a **nice opportunity**. 그 회사는 좋은 기회를 제공했다.
[어퍼러 나이싸-뻘-투-너-리]

🔔 **정답**
① Let's go **shopping**. 쇼핑하러 가요. 💬 [ʃa-piŋ, 샤삥]
② WMD stands for **Weapons** of Mass Destruction.
대량살상무기(WMD)는 Weapons of Mass Destruction의 약자이다. 💬 [we-pənz, 웨뻔즈]
③ Where's the lost **property** office? 분실물 보관소가 어디야? 💬 [pra-pər-ti, 푸라뻐리]

keep in touch
연락하고 지내다

keep in이 [키 삔]으로 들리는 이유

'우리 연락하고 지내요.'라는 표현은 Let's keep in touch.입니다. 그런데 이 표현에서 keep in을 한국 사람들은 [키빈]이라고 하는데, 잘 들어보면 원어민들은 [키삔]이라고 합니다. 왜 그럴까요?

keep in

[ki:p in, 킵 인] → [ki: pin, 키 삔]

/p/가 연음될 때 된소리가 됩니다.
keep의 /-p/가 in 쪽으로 붙어서 연음되고 있죠?
이럴 때 [키 삔]처럼 들리게 됩니다.

 예문을 통해 위에서 배운 내용을 확인해보세요.

Let's keep in touch. 우리 연락하고 지내요.
[ki:p in] → [ki: pin, 키 삔]

Keep away from those sweets. 단것들을 멀리하세요.
[ki:p ə-wei] → [ki: pə-wei, 키-뻐웨이]

Keep up the good work. 계속해서 잘 해 주세요.
[ki:p ʌp] → [ki: pʌp, 키 뻡]

Practice

💬 **회화 문장으로 연습해보세요.**

What a rip-off! 와 바가지네!
[rip ɔf] → [ri pɔf, 뤼뻐프]

Let's sleep on it. 신중하게 생각해봅시다.
[sli:p ɔn it] → [sli: pɔ nit, 슬리 뻐닛]

Keep at it! (힘들어도) 견뎌내길!
[ki:p æt it] → [ki: pætit, 키 빼릿]

📝 **문장을 듣고 받아 써보세요.**

① Let's _____ _____ the class!

② I'll _____ _____ you want.

③ I enjoyed my _____ _____ Copenhagen.

📢 발음 TIPS

'바가지 쓰다'는 영어로?

본문에 쓰였던 rip-off는 '바가지'라는 명사로 쓰이고 있습니다. '바가지 썼어'를 영어로 할 때는 got ripped off라고 하시면 됩니다. Day 11에서 배웠던 '-ed' 소리 뒤로 붙여 연결법을 쓰신다면, [ript ɔf]에서 [ript]의 /-t/가 뒤로 붙어서 [rip tɔf, 륍 떠프]처럼 들립니다.

I got ripped off.

🏆 정답
① Let's <u>wrap up</u> the class! 수업을 마무리합시다! 💬 [ra pʌp, 뤄뻡]
② I'll <u>stop if</u> you want. 당신이 원한다면 내가 그만할게. 💬 [sta pif, 스따삐프]
③ I enjoyed my <u>trip in</u> Copenhagen. 난 코펜하겐에서의 여행을 즐겼어. 💬 [tri pin, 츄리삔]

DAY 081 — style
스타일

강남스타일이 [강남스따일]로 들리는 이유

style을 우리는 [스타일]이라고 하지만 원어민은 [스따일]이라고 합니다. 쉬운 단어라고 생각해서 잘 들릴 거라고 생각할 수 있지만 실제로 이 단어를 잘못 듣는 경우가 많습니다. 실제로 어떻게 발음되는지 살펴보겠습니다.

s**t**yle

s 다음의 /t/는 항상 된소리이다.

s 다음에 오는 t는 무조건 된소리 [따]로 들립니다.

 예문을 통해 위에서 배운 내용을 확인해보세요.

I like the song, "Gangnam S**t**yle." 난 "강남 스타일" 노래 좋아해.
[stail, 스따일]

I have a bli**st**er. 물집이 생겼어요.
[blistər, 블리스떨]

Where is the subway **st**ation? 지하철역이 어디인가요?
[stei-ʃən, 스떼이션]

Practice

회화 문장으로 연습해보세요.

Stop beating around the bush! 말 돌리지 매
[stap, 스땁]

I hope to **st**art my own business. 난 내 사업을 시작하고 싶어.
[start, 스따트]

I made a mis**t**ake. 난 실수를 했어요.
[misteik, 미스떼이크]

문장을 듣고 받아 써보세요.

❶ My major is _____.

❷ I'm _____.

❸ We'd better cover this _____ up.

 발음 TIPS

made a 연음하기

Day 4에서 배웠던 '모음 사이의 /d/ 굴려 소리 연결하기'를 적용해 봅시다. made a의 발음기호는 [meid ə]입니다. 모음 사이의 /d/를 굴리면 [mei də, 메이러]로 연음됩니다.

예문 I made a reservation under the name of James. 제임스라는 이름으로 예약했어요.
[mei də, 메이러]

예문 He made a fortune. 그는 부를 축적했다.
[mei də, 메이러]

정답
① My major is statistics. 제 전공은 통계학입니다. [stə-ti-stiks, 스떠-티스-띡스]
② I'm exhausted. 저는 완전히 지쳤어요. [ig-zɔ-stid, 익-저-스띳]
③ We'd better cover this stuff up. 우린 이것을 완전히 덮는 게 좋겠어요. [stʌf, 스떠프]

doctor가 [닥떨]로 들리는 이유

우리는 doctor(의사)를 [닥터]라고 하지만 원어민의 발음은 [닥떨]에 가깝습니다. 미세한 차이이지만 우리가 예상하는 소리와 사뭇 다르게 들립니다. 어떤 원리로 인해 소리가 다른지 알아보도록 하겠습니다.

dóc-tor

/t/에 강세가 없을 때 된소리 [ㄸ]로 소리 난다.

doc-에 강세가 있습니다.
-tor에는 강세가 없군요.
이때 강세가 없는 /t/는 된소리로 들릴 수 있습니다.

 예문을 통해 위에서 배운 내용을 확인해보세요.

I'm a doctor. 난 의사야.
　　　[dak-tər, 닥떨]

I'm an optimistic person. 난 낙관적인 사람이야.
　　　　　[ap-tə-mi-stik, 압-떠-미-스띡]

Bees love nectar in tulips. 벌은 튤립의 꿀을 좋아해.
　　　　　　[nek-tər, 넥-떨]

Practice

 회화 문장으로 연습해보세요.

Jim Carrey is a good actor. 짐 캐리는 좋은 배우이다.
[æk-tər, 액-떨]

How often do you go for a walk? 산책을 얼마나 자주 하세요?
[ɔf-tən, 어프뜬]

I love lifting weights when I work out. 난 운동할 때 역기 드는 걸 좋아해.
[lif-tiŋ, 리프띵]

 문장을 듣고 받아 써보세요.

① It was an incredible _____.

② Don't leave _____ at room temperature.

③ The teaching methods are used in the education _____.

발음 TIPS

good actor 연음하기

'좋은 배우'라는 뜻의 good actor는 굳이 good과 actor를 끊어서 읽을 필요가 없습니다. 모음 사이의 /d/를 굴리는 기술을 적용시키면 됩니다. good actor의 /d/가 모음 사이에 있으므로 굴려서 연음하면 [그랙떨]로 가능하겠습니다.

예문 He became a good actor. 그는 좋은 배우가 되었다.
[그랙떨]

예문 He's not a good actor. 그는 좋은 배우가 아니다.
[그랙떨]

정답
① It was an incredible spectacle. 그것은 믿을 수 없을 만큼 장관이었다. [spek-tə-kəl, 스뻭떠끌]
② Don't leave leftovers at room temperature. 먹다 남은 음식을 상온에 두지 마세요.
[lef-tou-vər, 레프-또우-벌]
③ The teaching methods are used in the education sector. 그 교수법들이 교육 센터에서 사용된다.
[sek-tər, 섹-떨]

DAY 083

contact us
우리에게 연락하세요

contact us가 [칸택떠스]로 들리는 이유

> Day 10에서 배웠던 '앞 단어의 끝소리 뒤로 연결법', 기억나시나요? 그것입니다. 그런데 한 가지 다른 게 있다면, '된 소리로 바뀐다'는 것입니다. 어떤 상황에서 그렇게 되는지 살펴보도록 하겠습니다.

contact us

[kan-tækt ʌs] → [kan-tæk tʌs, 칸택 떠스]

/-t/가 연음될 때 /t/ 소리가
된소리 [ㄸ]으로 바뀌어 들리게 됩니다.

 예문을 통해 위에서 배운 내용을 확인해보세요.

Don't hesitate to contact us. 우리에게 연락하는 것을 주저하지 마세요.
[kan-tækt ʌs] → [kan-tæk tʌs, 칸택 떠스]

I'm afraid he just stepped out. 죄송하지만 그는 막 나갔어요.
[stept aut] → [step taut, 스뗍 따웃]

Your idea worked out as planned. 네 아이디어가 계획대로 잘 되었어.
[wərkt aut] → [wərk taut, 웍 따웃]

Practice

 회화 문장으로 연습해보세요.

I dropped off Jane at the airport. 나는 제인을 공항에 데려다줬어요.
[drapt ɔf] → [drap tɔf, 드랍 떠프]

I spaced out. 난 멍 때렸어.
[speist aut] → [speis taut, 스페이스 따웃]

I was pissed off. 난 화가 났었어.
[pist ɔf] → [pis tɔf, 피스 떠프]

🖊 문장을 듣고 받아 써보세요.

❶ _____ _____ to this computer.

❷ Your son should not _____ _____ like that.

❸ We have to _____ _____ environment.

act up으로 연음 응용 연습하기

act up(버릇없게 굴다)으로 '현재/3인칭/과거' 형태를 만들어서 연음을 응용해봐요!

act up	acts up	acted up
[ækt ʌp]	[ækts ʌp]	[æk-tid ʌp]
→ [æk tʌp]	→ [æks ʌp]	→ [æk-ti dʌp]
액 떱	→ [æk sʌp]	액 띠 럽
	액 썹	

 정답
① **Connect it** to this computer. 그것을 이 컴퓨터에 연결하세요. 💬 [kə-nek tit, 커넥 띳]
② Your son should not **act up** like that. 네 아들은 그런 식으로 버릇없게 굴면 안 돼. 💬 [æk tʌp, 액 떱]
③ We have to **protect our** environment. 우린 환경을 보호해야 해요. 💬 [prə-tek tauər, 푸뤄텍 따우얼]

MP3 & 저자강의 Day 084

DAY 084 sky
하늘

sky가 [스까이]로 들리는 이유

우리는 '하늘'을 [스카이]라고 하지요. 하지만 원어민은 [스까이]라고 합니다. s 다음의 k는 무조건 된소리가 됩니다. 위치에 관계없습니다. sky처럼 첫 s 다음의 k도 괜찮고, 가운데에 있든 뒷부분에 있든 항상 [ㄲ]처럼 된소리로 들립니다.

s 다음의 k는 무조건 된소리 [ㄲ]

예문을 통해 위에서 배운 내용을 확인해보세요.

I drew a huge dragon in my sketchbook.
난 내 스케치북에 큰 용을 그렸어.   [sketʃ-buk, 스께치북]

Let's discuss this issue. 이 문제에 대해 토론합시다.
[diskʌs, 디스꺼스]

Mosquitos love to breed in water. 모기는 물에 알을 낳기 좋아한다.
[mə-ski:-tou, 머스끼~로우]

Practice

💬 회화 문장으로 연습해보세요.

Ice skating is fun. 스케이팅은 재미있어.
[skeitiŋ, 스께이링]

I'd like a glass of whiskey. 위스키 한 잔 주세요.
[wiski, 위스끼]

He's asking for help. 그는 도움을 요청하고 있어요.
[æskiŋ, 애스낑]

✏️ 문장을 듣고 받아 써보세요.

① I'm good at _____.

② Let's practice English listening _____.

③ This _____ stands nearly 11 feet high.

발음 TIPS

whiskey 발음

whiskey의 발음을 [휘스끼]라고 생각하실 수 있지만 wh 스펠링일 때 [h]가 발음되지 않는 단어들이 꽤 있습니다. whistle(호루라기)를 우리는 [휘슬]이라고 하지만 원어민은 [위슬]로 발음합니다. wheel(바퀴)도 우리는 [휠]이라고 하지만 원어민은 [윌]로 발음하지요.

예문 Blow this whistle when you're in danger. 위험할 때 이 호루라기를 불어.
[위슬]

예문 It has only one wheel. 그것엔 바퀴가 딱 한 개가 있어요.
[위일]

🔔 정답
① I'm good at multitasking. 난 멀티태스킹에 능해. 💬 [mʌlti-tæskiŋ, 멀티태스낑]
② Let's practice English listening skills. 영어 리스닝 기술을 연습하자. 💬 [skilz, 스낄스]
③ This sculpture stands nearly 11 feet high. 이 조각품의 높이는 11피트이다. 💬 [skʌlp-tʃər, 스껍-철]

MP3 & 저자강의 Day 085

DAY 085
beaker
비커

beaker가 [비껄]로 들리는 이유

과학 실험할 때 우리가 쓰곤 했던 '비커' 기억하시나요? 액체 계량컵으로도 많이 쓰이지요. 비커의 스펠링은 beaker입니다. 근데 이 단어를 원어민은 [비껄]라고 하는데, 왜 우리와 소리가 다를까요?

béa-ker

강세 있음   강세 없음

-ker 부분에 강세가 없지요? 이때 /k/는 [ㄲ]처럼 된소리로 들립니다.
/k/가 들어있는 음절에 강세가 없을 때 원어민은 된소리로 발음합니다.

 예문을 통해 위에서 배운 내용을 확인해보세요.

I need a glass beak**er.** 난 유리 비커가 필요해.
[bi:-kər, 비-껄]

You're so pic**ky.** 넌 너무 까다로워.
[pi-ki, 피-끼]

Try to quit smok**ing.** 금연하려고 노력해봐요.
[smou-kiŋ, 스모우-낑]

Practice

💬 회화 문장으로 연습해보세요.

It's awkward. 그건 어색해요.
[ɔ-kwərd, 어-꿜드]

Is this seat taken? 여기 자리 있나요?
[tei-kən, 테이끈]

I was pretty shaken up, but I'll be fine.
[ʃei-kən, 쉐이-끈] 꽤 충격이었는데, 괜찮아질 거야.

📝 문장을 듣고 받아 써보세요.

❶ I enjoy _____ a short nap.

❷ _____ can weaken your bones.

❸ My grandmother is _____ some cookies.

📢 발음 TIPS

this seat의 연음 방법

Day 9의 '같은 소리 연결법'을 적용해 보시면 됩니다. 끊지 마시고 [디씻]처럼 들어보세요.

this‿seat
[디씻]

예문 Is this seat available? 이 자리 비어있나요?
[디씨잇]

정답
① I enjoy taking a short nap. 난 짧은 낮잠을 자는 것을 즐겨요. 💬 [tei-kiŋ, 테이-낑]
② Drinking can weaken your bones. 음주는 당신의 뼈를 약하게 할 수 있어요. 💬 [driŋ-kiŋ, 듀링-낑]
③ My grandmother is baking some cookies. 할머니가 쿠키를 좀 굽고 계셔. 💬 [bei-kiŋ, 베이-낑]

DAY 086

look at

보다

look at이 [르깻]으로 들리는 이유

'나 좀 봐.'를 영어로 할 때 간단히 Look at me.라고 하지요. 그때 원어민들은 [르깻 미]라고 합니다. look at의 /-k/가 왜 [르깻]으로 들릴까요? 일상에서 대화할 때 많이 쓰는 표현으로 어떻게 들리는지 알아보겠습니다.

loo**k** at

[luk æt] → [lu kæt, 르깻]

Day 10에서 배웠던 '앞소리 뒤로 연결법'을 look at에 적용시키면 되는데요, 다만 여기서 뒤로 붙는 소리가 /k/일 때 그 /k/가 된소리로 들립니다.

예문을 통해 위에서 배운 내용을 확인해보세요.

Look **at this.** 이것 좀 봐.
[luk æt] → [lu kæt, 르깻]

I can speak **English.** 난 영어를 말할 수 있어요.
[spiːk iŋ-liʃ] → [spi: kiŋ-liʃ, 스삐 낑글리시]

I took **off my shoes.** 난 신발을 벗었다.
[tuk ɔf] → [tu kɔf, 트꺼프]

# Practice

 회화 문장으로 연습해보세요.

Knoc**k it off!** 그만 좀 해!
[nak it ɔf] → [na kitɔf, 나끼러프]

Do you mind if I take a crac**k at it?** 제가 한 번 시도해 봐도 될까요?
[kræk æt it] → [krækætit, 쿠뤠깨릿]

You should chec**k it out.** 넌 그걸 확인해봐야 해.
[tʃek it aut] → [tʃe kitaut, 췌끼라웃]

문장을 듣고 받아 써보세요.

① I _____ _____ at 5.

② I'll _____ _____ the phone.

③ I _____ _____ to stay healthy.

발음 TIPS

knock it off의 쓰임새

이 표현은 한 미국 시트콤에서 괴롭힘당하는 무언가가 있었을 때 나왔던 건데요. 살다 보면 나를 괴롭히는 뭔가가 있을 수 있잖아요. 그런 것들을 멈추게 하고 싶을 때 쓸 수 있는 표현이 Knock it off입니다. 연음할 때는 it의 /t/가 모음 사이에 있으니 굴려서 [나끼러프]처럼 연결하면 됩니다.

① 일단 knock it은 [na kit, 나킷]
② it off는 [itɔf, 이러프] → knock it off[na kitɔf, 나끼러프]

정답 ① I <u>woke</u> <u>up</u> at 5. 나는 5시에 일어났어요. [wou kʌp, 워우 껍]
② I'll <u>pick</u> <u>up</u> the phone. 내가 전화를 받을게요. [pi kʌp, 피껍]
③ I <u>work</u> <u>out</u> to stay healthy. 난 건강을 유지하기 위해서 운동을 해. [wər kaut, 월-까웃]

원어민 MP3와 저자 해설강의를 들어보세요.

Chapter 15

원어민의 귀를 빌린다
'특급 비밀 누설'

the United States of America
미국

모음 앞 전치사 of는 물 흐르듯 연결시켜라

> Day 87과 Day 88 이틀에 걸쳐 전치사 of를 잘 듣는 방법을 알려드릴 텐데요. of의 발음기호는 [ʌv]입니다. of가 모음 앞에 있을 땐 [ʌv]의 /-v/가 뒤로 붙어서 물 흐르듯 연결됩니다. 미국의 정식 명칭인 the United States of America로 예를 들어보겠습니다.

the United States of America

[steits ʌv ə-mer-i-kə]
→ [steitsʌ və-mer-i-kə, 스떼잇 써버 메얼-이카]

보시는 바와 같이 [ʌv]의 /-v/가 뒤로 붙어서 소리가 연결되게 됩니다.

 예문을 통해 위에서 배운 내용을 확인해보세요.

I like the United States of America. 나는 미국을 좋아한다.
[steits ʌv ə-mer-i-kə] → [steitsʌ və-mer-i-kə, 스떼잇 써버 메얼-이카]

It creates a sense of adventure. 그것은 모험심을 만든다.
[sens ʌv æd-ven-tʃər] → [sensʌ væd-ven-tʃər, 쎈써 뱃-벤-쳘]

First of all, it's cheap! 무엇보다, 그건 싸요!
[fərst ʌv ɔl] → [fərstʌ vɔl, 퍼스떠벌]

Practice

💬 회화 문장으로 연습해보세요.

Snap out of it! 기운 내!
[aut ʌv it] → [autʌ vit, 아우러빗]

Between the two of us, it sucks. 우리끼리 얘긴데, 별로야.
[tu: ʌv ʌs] → [tu:ʌ vʌs, 투어버스]

I missed the train because of a traffic jam.
[bi-kɔz ʌv ə] → [bi-kɔzʌ və, 비커저버] 교통체증 때문에 기차를 놓쳤어.

✏️ 문장을 듣고 받아 써보세요.

① It's a _____ _____ _____ lives.

② He will work at _____ _____ _____.

③ They are in the _____ _____ _____ meeting.

missed the의 연음 방법

missed the의 발음기호를 보고, '-ed'의 소리가 어떻게 처리되는지 보시기 바랍니다.

missed the
[mist ðə] → [mis ðə]

보시는 것처럼 '-ed'의 소리는 자음 셋 중 가운데 자음입니다. Day 15에서 배웠던 가운데 자음 빼면서 연결하는 원리를 적용시키면 [미스 더]로 들리게 됩니다.

🔔 정답 ① It's a <u>part of our</u> lives. 그것은 우리 삶의 일부이다. 💬 [partʌvauər, 파러바우얼]
② He will work at <u>Bank of America</u>. 그는 뱅크 오브 아메리카에서 일할 거예요.
   💬 [bæŋkʌvə-mer-i-kə, 뱅꺼버 메얼-이카]
③ They are in the <u>middle of</u> a meeting. 그들은 한창 회의 중이다. 💬 [mi-dəlʌvə, 미를러버]

219

Out of sight, out of mind.
눈에서 멀어지면 마음에서 멀어진다.

자음 앞 전치사 of는 그냥 [어]로 연결시켜라

자음 앞의 of는, 특히 소리가 빨라질 때 [ə, 어]처럼 들릴 수 있습니다. '눈에서 멀어지면 마음에서 멀어진다.'라는 속담은 영어로 Out of sight, out of mind.라고 하는데요. 여기에서 of의 위치가 바로 자음 앞이군요!

Out of sight, out of mind.

[aut ʌv] → [autə, 아우러]

out의 /t/가 모음 사이이므로 [아우러]처럼 들리게 됩니다.

 예문을 통해 위에서 배운 내용을 확인해보세요.

Out of sight, out of mind. 눈에서 멀어지면 마음에서 멀어진다.
[aut ʌv sait] → [autə sait, 아우러 싸잇], [aut ʌv maind] → [autə maind, 아우러 마인드]

I have to buy one of those things. 난 저것들 중 하나를 사야 해요.
[wʌn ʌv ðouz] → [wʌnə ðouz, 워너 도우즈]

My dog goes in and out of the house. 내 개는 집 안팎을 오간다.
[aut ʌv ðə] → [autə ðə, 아우러더]

Practice

 회화 문장으로 연습해보세요.

This is one of my favorites. 이건 내가 가장 좋아하는 것들 중 하나야.
[wʌn ʌv mai] → [wʌnə mai, 워너마이]

Stay out of this. 여기서 빠져 있어라.
[aut ʌv ðis] → [autə ðis, 아우러 디스]

You've got to think out of the box. 틀에서 벗어나서 생각해야 해.
[aut ʌv ðə] → [autə ðə, 아우러더]

문장을 듣고 받아 써보세요.

① It'll take a _____ _____ _____.

② I forgot the first _____ _____ _____ story.

③ That was such a short _____ _____ _____.

발음 TIPS

'윗니+아랫입술' 연속 2회 터치 연습

윗니와 아랫입술이 연속으로 터치되는 표현들을 연습해보세요.

예문 This is my favorite type. 이건 내가 선호하는 타입이야.
          1 2

예문 I have a fever. 열이 나요.
              1 2

예문 Here is a good piece of advice. 좋은 충고 한마디 할게.
                        1   2

정답 ① It'll take a lot of time. 시간이 많이 걸릴 거야. [latə taim, 라러타임]
② I forgot the first part of the story. 난 그 이야기의 첫 부분을 잊었어. [partə ðə, 파러더]
③ That was such a short period of time. 그건 정말 짧은 기간이었어. [piər-iədə taim, 피얼-이어러 타임]

the Pentagon
미국 국방부

Pentagon이 [페너간]으로 들리는 이유

소리가 달라지지 않는다면 영어 리스닝을 공부할 필요가 없습니다. 그러나 예상 밖의 소리로 달라지기 때문에 우리는 리스닝 공부가 필요합니다. 미국 국방부를 the Pentagon이라고 합니다. 그런데 뉴스에서는 자꾸 [패너간]이라고 들립니다. 소리가 달라지니 뜻이 빠르게 다가오지 않게 되는데요. 왜 달라진 것일까요?

the Pentagon

[pentəgan, 펜터간] → [penəgan, 페너간]

'-nt-'가 모음 사이에 끼어 있을 때,
바로 이때 /t/가 사라집니다.

 예문을 통해 위에서 배운 내용을 확인해보세요.

They visited the Pentagon. 그들은 미 국방부를 방문했다.
[pentəgan] → [penəgan, 페너간]

Santa Claus is coming to town. 산타클로스가 마을에 와요.
[sæntə] → [sænə, 새나]

The kid painted a dragon. 그 아이는 용을 그렸다.
[peintid] → [peinid, 페이닛]

Practice

💬 회화 문장으로 연습해보세요.

He is a de<u>n</u>tist. 그는 치과 전문의이다.
[dentist] → [denist, 데니스트]

Don't re-e<u>n</u>ter the car. 차에 다시 들어가지 마세요.
[ri-entər] → [ri-enər, 뤼에널]

Have you ever been to the I<u>n</u>terconti<u>n</u>ental Hotel?
인터콘티넨탈 호텔 가본 적 있어?　[intər-kantinentəl] → [inər-kaninenəl, 이너카니네늘]

✏️ 문장을 듣고 받아 써보세요.

① I had a job _____.

② Do you enjoy _____ shopping?

③ You've got to double-check the _____.

 발음 TIPS

until 발음 방법

until도 모음 사이의 /-nt-/이므로 [어널]로 들릴 수 있다고 생각할 수 있습니다. 하지만 until의 발음은 [언틸]이라고 해야 합니다. 만약 until이 1음절 강세였다면 가능했겠지만, until은 '-til'에 강세가 있습니다. /t/가 들어 있는 음절에 강세가 있으면 뺄 수 없습니다.

예문　What do you think of my presentation? 내 프레젠테이션 어때?
'-ta-'에 강세가 있으므로 [프레즈네이션]은 안 됨
예문　His hometown is Ontario, Canada. 그의 고향은 캐나다 온타리오이다.
'-tar-'에 강세가 있으므로 [아네얼이오우]는 안 됨

🔔 정답　① I had a job <u>interview</u>. 난 취업 면접을 봤어. 💬 [inərvyu:, 이너뷰]
② Do you enjoy <u>Internet</u> shopping? 넌 인터넷 쇼핑을 즐기니? 💬 [inərnet, 이너넷]
③ You've got to double-check the <u>quantity</u>. 수량을 두 번 확인해야 해. 💬 [kwanəti, 콰너티]

223

DAY 090 percent of
~의 ~퍼센트

percent of가 [펄세넙]으로 들리는 이유

> Day 89에서는 한 단어 안에서 모음 사이에 /-nt-/가 있을 때의 리스닝 비법을 배워봤습니다. 그렇다면 percent of처럼 단어 사이에서도 가능할까요? 어떻게 발음하고 들리는지 살펴보겠습니다.

perce**nt** of

[pər-sent ʌv] → [pər-se nʌv, 펄세넙]

'-nt-'가 모음 사이에 끼어 있다면
단어끼리 붙을 때도 가능합니다.

 예문을 통해 위에서 배운 내용을 확인해보세요.

60 percent** of Koreans study English.**
[pər-sent ʌv] → [pər-se nʌv, 펄세넙] 한국인의 60%는 영어를 공부한다.

I want** a new laptop.** 난 새 노트북 컴퓨터를 원해요.
[wantə] → [wanə, 와나]

I didn't rent** a car.** 난 차를 렌트하지 않았어.
[rent ə] → [re nə, 뤠너]

Practice

💬 **회화 문장으로 연습해보세요.**

He is right in front of me. 그가 바로 내 앞에 있어요.
[frʌnt ʌv] → [frʌ nʌv, 프러넙]

I'll count on you. 난 너에게 의지할 거야.
[kaunt ɔn] → [kau nɔn, 카우넌]

You and I are different in many ways. 너와 난 많은 면에서 달라.
[di-frənt in] → [di-frə nin, 디-푸뤄닌]

 **문장을 듣고 받아 써보세요.**

① The _____ _____ important.

② That was a memorable _____ _____ my life.

③ Living in an _____ _____ good.

발음 TIPS

in front of me에서 of의 발음

Day 88에서 배운 것처럼 자음 앞이니 [프러너 미]처럼 해도 됩니다. of가 [어브]로 들리면 그대로 들리니 좋은 것이고, 혹 [어]로 들렸다면 바로 그 리스닝 전략을 써먹으면 된다는 취지로 받아들이시면 좋겠습니다.

예문 It's the happiest moment in my life. 내 삶에서 가장 행복했던 순간이야.
[모우머닌]

예문 It'll be a remarkable moment in history. 그건 역사에서 중요한 순간일 거야.
[모우머닌]

🔔 **정답**
① The <u>amount isn't</u> important. 양은 중요하지 않아요. 💬 [əmau nizən, 어마우 니즌]
② That was a memorable <u>moment in</u> my life. 그것은 내 삶에서 기억에 남을만한 순간이었다.
💬 [moumənin, 모우머 닌]
③ Living in an <u>apartment is</u> good. 아파트에 사는 것이 좋다. 💬 [ə-part-məniz 어팟-머 니스]

MP3 & 저자강의 Day 091

second of all
둘째로

second of all이 [쎄커너벌]로 들리는 이유

/-nd-/가 모음 사이에 있을 때도 /d/ 소리가 사라질 수 있습니다. second of all(둘째로)를 예로 들어서 설명해 보면, 원래는 [세컨더벌]로 소리가 난다면 실제로 어떻게 소리가 나는지 알아보겠습니다.

seco**n**d of all

[se-kənd ʌv ɔl] → [se-kənʌvɔl, 쎄커너벌]

바뀌지 않은 원래 소리라면 [세컨더벌]로 들립니다.
그러나 '-nd-'가 모음 사이에 있다면,
/d/가 사라지면서 [쎄커너벌]로도 들릴 수 있겠습니다.

 예문을 통해 위에서 배운 내용을 확인해보세요.

Secon**d of all, it's great!** 둘째로, 그건 훌륭해!
[se-kənd ʌv ɔl] → [se-kənʌ vɔl, 쎄커너벌]

How much time do you spen**d on studying English?**
[spend ɔn] → [spe nɔn, 스뻬넌]
넌 영어 공부하는 데 얼마나 많은 시간을 쓰니?

A diamon**d is extremely valuable.** 다이아몬드는 매우 가치있다.
[dai-mənd iz] → [dai-mə niz, 다이머 니스]

Practice

💬 회화 문장으로 연습해보세요.

I won't stand in your way. 널 방해하지 않을게.
[stænd in] → [stæ nin, 스때닌]

Success and failure can go hand in hand.
성공과 실패는 함께 갈 수 있다. [hænd in] → [hæ nin, 해닌]

Richmond Olympic Oval was so magnificent.
[ritʃ-mənd ə-lim-pik] → [ritʃ-mə nə-lim-pik, 뤼치머 널림픽]
리치먼드 올림픽 빙상경기장은 매우 웅장했다.

✏️ 문장을 듣고 받아 써보세요.

❶ Put one _____ _____ the bowl.

❷ I'm the _____ _____ four children.

❸ I don't wanna shake your _____ _____

  I hate you.

magnificent(웅장한) 발음 방법

일단 강세는 '-ni-'에 있습니다. 강세 잡으시고요.

① 일단 [맥–]을 발음합니다.
② 그 다음 [–니–] 쭉~ 올라갑니다!
③ [-fi-] 발음하셨다가,
④ [–쓴트]로 마무리!

🔔 정답
① Put one almond in the bowl. 아몬드 하나를 그 그릇에 넣으세요. 💬 [a-mə nin, 아머닌]
② I'm the second of four children. 나는 네 명의 아이 중 둘째이다. 💬 [se-kə nʌv, 쎄커넙]
③ I don't wanna shake your hand and I hate you. 난 너와 악수하고 싶지도 않고 난 네가 싫어.
  💬 [hæ nən, 해는]

DAY 092

Manhattan
맨해튼

Manhattan [맨해튼 / 맨햇은] – 목에서 끊기는 소리 ①

Manhattan은 [맨하탄]인가요, [맨해튼]인가요? 일단 한국 사람이 지어낸 소리인 [맨하탄]은 제외합시다. 원래 발음은 [맨해튼]이 맞습니다. 그러나 [맨햇-은]처럼 독특하게 들릴 때가 있는데요. Manhattan의 발음기호를 사전에서 보면 [mæn-hætn]으로 되어 있습니다. [-tn-] 형태일 때 미국인들은 목구멍에서 소리를 낼 수 있습니다.

Manhattan
[mæn-hætn]

발음기호가 [-tn-]이면 목구멍에서 소리가 난다.

[맨햇-]까지 하면 혀끝이 윗니 뒤에 딱 붙어있죠? 꽉 붙이고 떼지 마세요.
그 상태에서 [은]만 하시면 누구나 목에서 소리가 나게 되어 있습니다.

예문을 통해 위에서 배운 내용을 확인해보세요.

I love the skyline of **Manha**tt**an**. 난 맨해튼의 스카이라인이 좋아.
[mæn-hætn, 맨해-은]

I got bi**tt**en by the bug. 벌레에 물렸어.
[bitn, 빋-은]

Your bu**tt**on fell off. 너 단추 떨어졌어.
[bʌtn, 벋-은]

Practice

💬 **회화 문장으로 연습해보세요.**

I've already ea<u>t</u>en. 전 이미 먹었어요.
[i:tn, 이잇-은]

Why don't you wear warm mi<u>t</u>tens?
따뜻한 벙어리장갑 끼는 게 어때? [mitn, 밑-은스]

Let's hike up the moun<u>t</u>ain! 등산하러 가자!
[mauntn, 마운-은]

📝 **문장을 듣고 받아 써보세요.**

① I'm raising a _____.

② _____ candy is one of my favorite sweets.

③ You _____ don't have to earn my love.

발음 TIPS

I've already의 연음 방법

already를 원어민처럼 발음하고 싶다면, 일단 강세는 '-re-'에 주고, '-re-'를 발음할 때는 모음 앞 r 이니 [-뤠-]처럼 입술을 둥글게 했다가 펼치며 발음해야 합니다. 그리고 '-dy'에서 /d/는 모음 사이의 /d/이므로 [-리]처럼 굴려서 발음해주시면 됩니다.

I've al-rea-dy
[aiv ɔl-re-di] → [ai vɔl-re-di, 아이벌뤠리]

🔔 **정답**
① I'm raising a <u>kitten</u>. 난 새끼 고양이 한 마리를 키우고 있어. 💬 [kitn, 킽-은]
② <u>Cotton</u> candy is one of my favorite sweets. 솜사탕은 내가 가장 좋아하는 단것 중 하나야. 💬 [katn, 캍-은]
③ You <u>certainly</u> don't have to earn my love. 넌 틀림없이 내 사랑을 얻으려 하지 않아도 돼. 💬 [sərtnli, 썰-은리]

DAY 093

partner
파트너

partner [팔트널 / 팔은-널] - 목에서 끊기는 소리 ②

> 이것도 목에서 끊기며 소리가 난다고 생각할 수 있습니다. 멈추는 느낌입니다. 원리는 'r+t+자음'인데요. 조금 복잡하지만 알아두시면 리스닝 향상에 도움이 될 것입니다.

part"ner

'r+t+자음' 형태일 때 /t/를 꾹 참는다.

Day 14에서 배웠던 '자음 셋 일 때 가운데 자음 빼는 연결법(예: Trust me)'의 예외로 생각하셔도 괜찮겠습니다.
어렵고 복잡하면 소리만 듣고 따라 하셔도 되겠습니다.

🐱 예문을 통해 위에서 배운 내용을 확인해보세요.

You are such a great par<u>t</u>ner. 넌 정말 훌륭한 파트너야.
[part"nər, 팟"널]

I want a new smar<u>t</u>phone. 난 새 스마트폰을 원해요.
[smart"foun, 스맛"포운]

There is a huge swing in the cour<u>t</u>yard. 안뜰에 큰 그네가 있다.
[kɔrt"yard, 커엇"야드]

Practice

💬 회화 문장으로 연습해보세요.

Let's meet at the **department** store. 그 백화점에서 만납시다.
[di-part″mənt, 디팟″먼]

I'm interested in buying an **apartment**.
아파트를 사는 데 관심 있어요. [ə-part″mənt, 어팟″먼트]

He's in charge of the marketing **department**.
그는 마케팅부서 담당이야. [di-part″mənt, 디팟″먼트]

✏️ 문장을 듣고 받아 써보세요.

❶ I took a _____.

❷ He lives in _____, Oregon.

❸ You have to struggle to build a _____ of your own.

 발음 TIPS

marketing 발음

Day 69에서 market의 발음을 [말낏]으로 배운 바 있습니다. '-ket'는 무조건 [–낏]으로 발음한다고 가르쳐드렸는데요. 그렇다면 위 예문 He's in charge of marketing department.에서 marketing은 어떻게 할까요? Day 1에서 배운 '모음 사이의 /t/는 굴린다'는 규칙을 적용하면 [mar-kitiŋ, 말끼링]처럼 들리게 됩니다.

예문 What is your marketing plan? 당신의 마케팅 계획은 무엇인가요?
예문 He's a marketing director. 그는 마케팅 부장입니다.

🔔 정답 ① I took a shortcut. 난 지름길로 갔다. 💬 [ʃɔrt″kʌt, 숏″컷]
② He lives in Portland, Oregon. 그는 오리건 주 포틀랜드에 산다. 💬 [pɔrt″lənd, 포엇″런드]
③ You have to struggle to build a portfolio of your own. 넌 너만의 포트폴리오를 만들기 위해 노력해야 해.
💬 [pɔrt″fou-liou, 포엇″포울리오우]

DAY 094 smart guy
똑똑한 남자

smart guy [스마트 가이 / 스맛–가이] – 목에서 끊기는 소리 ③

Day 93과 같은 'r+t+자음'의 원리인데요. 이것 역시 듣고 따라 하는 연습을 많이 해보세요. 앞서 학습한 내용과 이어서 연계 학습하면 좋습니다.

smart" guy

'r+t+자음' 형태일 때 /t/를 꾹 참는다.

Day 93에서는 partner처럼 한 단어에서 목에서 끊기는 소리였다면, Day 94에서는 단어와 단어가 연결된다는 점만 다를 뿐 원리는 같습니다.

 예문을 통해 위에서 배운 내용을 확인해보세요.

He's a smart guy. 그는 똑똑한 남자야.
[smart" gai, 스맛" 가이]

Hold the cart handle. 그 카트 핸들 잡고 있어.
[kart" hæn-dəl, 카앗" 핸들]

Robert Williams is my professor. 로버트 윌리엄스는 내 교수님이다.
[ra-bərt" wiliəmz, 롸버엇" 윌리엄즈]

Practice

💬 회화 문장으로 연습해보세요.

Don't hur<u>t</u> me. 저에게 상처 주지 마세요.
[hərt" miː, 허엇" 미]

I've been to the ar<u>t</u> gallery in Copenhagen. 코펜하겐 미술관에 가본 적 있어요.
[art" gæləri, 아앗" 갤러리]

<u>Desert foxes</u> should be protected. 사막 여우는 보호되어야 한다.
[de-zərt" fak-siz, 데저엇" 팍시즈]

 문장을 듣고 받아 써보세요.

① _____ !

② Here's your _____ .

③ You can visit our website at _____ .

발음 TIPS

fox vs. foxes

fox는 [faks, 팍스]인데, foxes는 왜 [fak-siz, 팍시즈]로 발음하는지 궁금할 수 있습니다. 복수형 중에서도 [-iz]가 붙을 때가 있는데요. 여기서는, 단어 끝이 [-s]소리로 끝났기 때문에 [-iz]가 붙는 것입니다.

fox → foxes   bus → buses
[faks] → [fak-siz, 팍시즈]   [bʌs] → [bʌ-siz, 버시스]

🔊 정답 ① <u>Insert coins</u>! 동전을 넣으세요! 💬 [in-sərt" kɔin, 인서엇" 코우인스]
② Here's your <u>dessert spoon</u>. 여기 디저트 스푼 있습니다. 💬 [di-zərt" spuːn, 디저엇" 스푸운]
③ You can visit our website at <u>E-mart.com</u>. E-mart.com에서 저희 웹사이트를 방문하실 수 있습니다.
  💬 [iː-mart" dat kam, 이마앗" 닷 컴]

fortunately
다행히

'-ly'앞에 있는 t 소리 들어보기

이번 챕터의 원리는 간단합니다. '-ly'앞에 /-t/가 있잖아요?
이때 /-t/의 소리가 원래 /-t/처럼 터져 나오지 않고 멈춘 듯한 소리로 들리게 됩니다.
아래 단어에서 설명드리겠습니다.

fortunate"ly

[fɔr-tʃə-nət"(멈추고)-li, 포얼-쳐-넛"리]

'-ly'바로 앞에 /-t/ 발음이 있습니다.
이때 /-t/의 소리는 멈춰집니다.
[포얼-쳐-넛]까지만 하고, 잠깐 끊듯 쉬었다가 [-리]로 마무리하면 됩니다.

 예문을 통해 위에서 배운 내용을 확인해보세요.

Fortunately, I won the lottery. 운이 좋게도, 저는 복권에 당첨됐어요.
[fɔr-tʃə-nət"-li, 포얼-쳐-넛"(멈추고)리]

Unfortunately, they're sold out. 유감스럽게도, 그것들은 다 팔렸어요.
[ʌn-fɔr-tʃə-nət"-li, 언-포얼-쳐-넛"(멈추고)리]

I can answer immediately. 즉시 답해드릴 수 있어요.
[i-mi:-diət"-li, 이미리엇"(멈추고)리]

Practice

💬 회화 문장으로 연습해보세요.

Brush your teeth correctly. 양치질을 올바르게 하세요.
[kə-rekt"(멈추고)-li:, 커뤡" 리]

I was completely satisfied. 난 완전히 만족했어요.
[kəm-pli:t"(멈추고)-li:, 컴-플리잇" 리]

I'm perfectly fine. 난 정말 괜찮아.
[pər-fekt"(멈추고)-li:, 퍼펙" 리]

✏️ 문장을 듣고 받아 써보세요.

① _____!

② We will be landing _____.

③ I'm _____ working as a writer.

/p/ 발음과 /f/ 발음 연습하기

/p/와 /f/ 발음은 서로 헷갈리기도 하고 구분하기도 쉽지 않습니다. 하지만 하나만 기억하시면 매우 쉽습니다. /p/는 '양 입술'을 쓰고, /f/는 '윗니+아랫입술'을 씁니다. 다음 문장을 더 신경 써서 발음 연습해 보세요.

I'm per-fect-ly fine.
양 입술 아랫입술   아랫입술

🔔 정답 ① **Exactly!** 바로 그거야! 💬 [ig-zækt"(멈추고)-li, 익"재액"리]
② We will be landing **shortly**. 곧 착륙할 예정입니다. 💬 [ʃɔrt"(멈추고)-li, 쇼옷"리]
③ I'm **currently** working as a writer. 난 현재 작가로 일하고 있다. 💬 [kər-ənt"(멈추고)-li, 커얼-언"리]

DAY 096 badly
나쁘게

'-ly'앞에 있는 d 소리 들어보기

Day 95와 비슷한 리스닝 기술입니다.
'-ly' 앞에 /-d/가 있을 때, 이때 /d/의 소리 역시 끊기며 들리게 되는데요. 예문을 통해 어떻게 소리가 나는지 살펴보겠습니다.

bad"ly

[bæd"(멈추고)-li, 배앧"리]

[배들리]의 느낌보다는 [배앧-리]의 느낌으로 리스닝 해 보시기 바랍니다.

 예문을 통해 위에서 배운 내용을 확인해보세요.

Is it nice to talk badly about Alex?
[bæd"(멈추고)-li, 배앧"리]   알렉스에 대해 나쁘게 말하는 게 좋니?

Vietnam's economy is growing rapidly.
베트남의 경제는 빠르게 성장하고 있다.   [ræ-pid"(멈추고)-li, 뤠삗"리]

Samsung will reportedly launch its foldable smartphone.
[ri-pɔr-tid"(멈추고)-li, 뤼포릿"리]
전하는 바에 따르면 삼성은 접을 수 있는 스마트폰을 론칭할 것이라고 한다.

Practice

 회화 문장으로 연습해보세요.

He alle<u>ged</u>ly stole money for gambling.
[ə-le-dʒid"(멈추고)-li:, 얼레쥣"리]   주장하는 바에 의하면 그는 도박을 위해 돈을 훔쳤다.

She suppose<u>d</u>ly slept through an alarm.
[sə-pou-zid"(멈추고)-li:, 서포우짓" 리]   아마 그녀는 알람 소리도 못 듣고 잔 것 같다.

The reporter behaved ru<u>de</u>ly. 그 리포터는 무례하게 행동했다.
[ru:d"(멈추고)-li:, 루웃" 리]

📝 문장을 듣고 받아 써보세요.

① This will be _____ a very useful book.

② "I won the lottery!" He said _____ .

③ We have to care for our parents _____ .

발음 TIPS

lottery의 r 발음

r 발음은 'ㄹ' 발음이 아니므로 혀끝이 입천장에 절대 닿지 않습니다. 'lotter-'까지 하고 있다가, [-이]만 갖다 붙이는 식으로 발음하셔야 합니다. battery도 마찬가지입니다. 'batter-'까지 하고 있다가 [-이] 발음만 갖다 붙이면 됩니다.

예문 My <u>battery</u> is dead. 배터리가 나갔어.
     [배럴-이]
예문 Recharge the <u>battery</u>. 배터리를 충전하시오.
     [배럴-이]

🔔 정답
① This will be <u>undoubtedly</u> a very useful book. 이것은 분명히 매우 유용한 책이 될 거야.
    [ʌn-dautid"(멈추고)-li, 언다우릿"리]
② "I won the lottery!" He said <u>excitedly</u>. "내가 복권에 당첨됐어!" 그가 흥분해서 말했다.
    [ik-sai-tid"(멈추고)-li, 익싸이릿"리]
③ We have to care for our parents <u>devotedly</u>. 우리는 부모님을 헌신적으로 돌봐야 한다.
    [di-vou-tid"(멈추고)-li, 디보우릿"리]

DAY 097 before
~전에

before가 [버포]로 들리는 이유

지금까지 학습하면서 느낀 점이 무엇인가요? 아마 영어가 철자대로 소리 나지 않아서 영어가 잘 들리지 않았었다는 점을 가장 크게 느끼셨을 거라 생각됩니다. 그리고 심지어 발음기호대로도 들리지 않을 때도 있습니다. before가 아주 좋은 예인데요. 혹시 이게 [버포]로 들릴 때 있지 않으셨나요?

be-fóre

/i/에 강세가 없다면 [bi-fɔr, 버포]로 들릴 수 있다.

물론 before의 소리는 [비포]가 맞습니다.
그러나 /i/에 강세가 없을 때 [버포]처럼 소리가 약하게 들릴 때가 있습니다.

 예문을 통해 위에서 배운 내용을 확인해보세요.

I met her b<u>e</u>fore. 나 그 여자 전에 만났어.
[bi-fɔr, 버-포]

It's d<u>e</u>licious. 그거 맛있다.
[di-li-ʃəs, 들-리-셔스]

We have to protect the d<u>e</u>mocracy.
우리는 민주주의를 수호해야 한다. [di-ma-krə-si, 드-마-쿠뤄-씨]

Practice

 회화 문장으로 연습해보세요.

You de<u>serve</u> it. 넌 그럴만한 자격이 있어.
[di-zərb, 드-저브]

I b<u>elieve</u> in God. 난 신을 믿어요.
[bi-li:v, 블리~브]

Did you pr<u>epare</u> for the mid-term exam? 중간고사 시험 준비했니?
[pri-peər, 푸르-페얼]

문장을 듣고 받아 써보세요.

❶ Now I'm _____ you.

❷ Give me five _____.

❸ What are you doing, _____?

발음 TIPS

[이그]가 아닌, [익—]으로 들리는 단어들

예문 My final **exam** is over. 기말고사가 끝났어.
[ig-zæm, 익-잼]

예문 Don't **ignore** me. 날 무시하지 마.
[ig-nɔər, 익-노얼]

예문 I'm interested in this **exhibit**. 난 이 전시회에 흥미가 있어.
[ig-zi-bit, 익-지빗]

정답
① Now I'm <u>behind</u> you. 지금 난 너의 뒤에 있어. [bi-haind, 버하인드]
② Give me five <u>roses</u>. 장미 다섯 송이 주세요. [rou-ziz, 뤄우즈즈]
③ What are you doing, <u>Kevin</u>? 뭐해, 케빈? [ke-vin, 케빈]

DAY 098 spaghetti
스파게티

spaghetti가 [스쁘게리]로 들리는 이유

스파게티 좋아하시나요? 발음을 어정쩡하게 한번 굴려보고 싶은 분들이 레스토랑에서 "스파게리 주세요."라고 하시더라고요. 기왕 굴리실 것이라면 더욱 화끈하게 굴려보면 어떨까요? 원어민들은 [스쁘게리]로 소리를 내는데요.

spa-ghé-tti

/ə/에 강세가 없다면 [spə-ge-ti, 스쁘게리]로 들릴 수 있다.

/ə/는 원래 [어] 소리가 맞지요.
그러나 /ə/에 강세가 없을 때, 이때 역시 [으]처럼 약하게 들릴 수 있습니다.

예문을 통해 위에서 배운 내용을 확인해보세요.

I'm in the mood for sp<u>a</u>ghetti. 스파게티가 먹고 싶어.
[spə-ge-ti, 스쁘게리]

When you set your goal, you have to be sp<u>e</u>cific.
목표를 설정할 때, 구체적이어야 한다.   [spə-si-fik, 스쁘-씨-픽]

What is the best s<u>o</u>lution? 최고의 해결책은 무엇인가?
[sə-lu:ʃən, 쏠-루-션]

Practice

 회화 문장으로 연습해보세요.

He's a celebrity. 그는 유명인이에요.
[sə-le-brə-ti, 쓸-레-브르-리]

Select one of these items. 이 물품들 중 하나 고르세요.
[sə-lekt, 쏠-렉트]

I'm rooting for the Texas Rangers. 저는 텍사스 레인저스를 응원해요.
[tek-səs, 텍쓰쓰]

📝 문장을 듣고 받아 써보세요.

❶ Have you ever tried _____?

❷ Did you read the _____?

❸ _____ is the capital of Great Britain.

발음 TIPS

celebrity 발음 방법

celebrity는 [셀레브리티]가 아니라 [쎌레브르리]가 정확합니다. 요즘 우리가 자주 쓰는 말인 '셀럽' 역시 '유명인'이라는 영어가 맞습니다. 스펠링은 celeb입니다. 그러나 발음에 주의해야 합니다. ce-léb[sə-leb, 쓸렙]이라고 들립니다.

예문 Unlike other **celebrities**, he is honest. 다른 유명인들과 달리 그는 정직해.
[쎌레브르리즈]

예문 We shouldn't violate **celebs**' privacy. 유명인들의 사생활을 침해하면 안 돼.
[sə-lebz, 쓸렙즈]

🏆 정답 ① Have you ever tried Kebab? 케밥 먹어봤어요? 💬 [kə-bab, 크밥]
② Did you read the preface? 서문 읽어봤어요? 💬 [pre-fəs, 푸뤠-프스]
③ London is the capital of Great Britain. 런던은 영국의 수도이다. 💬 [lʌn-dən, 런든]

241

cap vs. cab
모자 vs. 택시

cap과 cab 소리 구분하기

리스닝 초보자들은 cap[kæp]과 cab[kæb]의 소리 구분도 하기 쉽지 않을 것입니다. 소리 구분의 핵심은 '단어의 끝소리가 목소리가 나느냐 안 나느냐'를 보는 것입니다. 목소리를 안 쓰는 소리는 짧게 들리고, 목소리를 쓰는 소리는 길게 들립니다. 목소리를 안 쓰는 자음은 [p, t, k, f, s, θ, ʃ, tʃ]입니다, 목소리를 쓰는 자음은 [b, d, g, v, z, ð, ʒ, dʒ]입니다.

cap vs. cab

[kæp]   [kæb]

목소리가 안 난다   목소리가 난다

/p/를 발음해보세요. 목소리를 안 씁니다. 반면에 /b/는 목소리를 씁니다. cap은 짧게 [캡]처럼 들리고, cab은 길게 [캐~앱]처럼 길게 들립니다.

두 단어의 차이를 비교해보세요.

① ca**p** vs. ca**b**

② **i**ce vs. eye**s**

③ sur**f** vs. ser**v**e

Practice

 회화 문장으로 연습해보세요.

He's my clo<u>s</u>e friend. 그는 내 가까운 친구이다.
[klous, 클로우스(짧게)]

The sunscreen is water-proof. 그 자외선 차단제는 워터프루프이다.
[wɔtər pruːf, 워러푸루~프(짧게)]

You can belie<u>v</u>e me. 넌 날 믿을 수 있어.
[bi-liːv, 블리~브(길게)]

 문장을 듣고 받아 써보세요.

① Can he get his _____ _____?

② I can _____ it in the _____.

③ I don't want to _____ my _____ change.

발음 TIPS

close의 동사와 형용사의 발음 차이

형용사	동사
가까운	닫다
[klous]	[klouz]
목소리가 안 난다	목소리가 난다
모음의 길이가 짧다	모음의 길이가 길다

🔔 정답
① Can he get his <u>bag</u> <u>back</u>? 그가 그의 가방을 돌려받을 수 있나요? 💬 [bæg, 배~액], [bæk, 백]
② I can <u>save</u> it in the <u>safe</u>. 나는 금고에 그것을 보관할 수 있어요. 💬 [seiv, 세이~브], [seif, 세이프]
③ I don't want to <u>lose</u> my <u>loose</u> change. 난 내 잔돈을 잃고 싶지 않아요. 💬 [luːz, 루우~즈], [luːs, 루스]

243

MP3 & 저자강의 Day 100

valet parking
발레파킹

valet parking이 [밸레이 파낑]으로 들리는 이유

드디어 Day 100까지 왔네요. "여기 발렛 돼요?" 흔히 듣는 표현(?)입니다. valet을 [발렛]이라고 하시는 것 같은데, 원어민이 저 발음을 알아들을까요? 반대로 내가 원어민의 발음 valet을 알아들을 수 있을까요? valet을 [væ-lei, 밸레이]로 발음 교정하신다면, 이제 valet parking을 들을 수 있습니다.

vale*t*

프랑스에서 온 어휘는 끝 /t/가 들리지 않는다.

프랑스에서 온 어휘이다 보니 유독 끝이 /-t/로 끝나는 어휘들이 종종 있습니다.
이때 끝 /-t/소리가 없어지게 됩니다.

 예문을 통해 프랑스에서 온 어휘들을 잘 들어보세요.

Do they offer vale*t* parking service? 발레파킹 서비스 하세요?
　　　　　　　　[væ-lei, 밸레이]

He has a wonderful chale*t*. 그에게는 아름다운 샬레(오두막집)가 있다.
　　　　　　　　　　　[ʃæ-lei, 샬레이]

I learned to croche*t* from my grandmother.
　　　　　　　[krou-ʃei, 크로우-쉐이]　　　　할머니한테 뜨개질하는 법을 배웠어요.

244

Practice

💬 회화 문장으로 연습해보세요.

I like ballet dancing. 난 발레 춤을 좋아해요.
[bæ-lei, 밸레이]

The buffet starts at 7 o'clock sharp. 그 뷔페는 정확히 7시에 시작해요.
[bə-fei, 버페이]

I bought a bouquet of roses for you. 당신을 위해 장미 꽃다발을 샀어요.
[bu-kei, 부케이]

✏️ 문장을 듣고 받아 써보세요.

① You'd better get a _____.

② I'd like to order a seasoned salmon _____.

③ Emma Watson made her _____ in 2001.

📣 발음 TIPS

프랑스에서 온 단어들은 모두 두 번째 음절에 강세가 오나요?

여기에 나온 어휘들은 다 그렇습니다. 그러나 아닌 것도 있어요. valet는 첫 번째 강세이죠. (2음절에 강세를 주는 원어민도 있음) 그리고 예문엔 없었지만 gourmet[guər-mei, 구어메이](미식가)도 첫 번째 강세이고요.

예문 I like eating gourmet food. 나는 고급 요리 먹는 것을 좋아해.
[guər-mei, 구어메이]

예문 I want to go to the gourmet restaurant. 그 고급 요리 식당에 가고 싶어.
[guər-mei, 구어메이]

🔔 **정답**
① You'd better get a **bidet**. 넌 비데를 구하는 게 낫겠어. 💬 [bi-dei, 비데이]
② I'd like to order a seasoned salmon **fillet**. 양념된 연어 살코기를 주문하고 싶어요. 💬 [fi-lei, 필레이]
③ Emma Watson made her **debut** in 2001. 엠마 왓슨은 2001년에 데뷔했어요. 💬 [dei-byu:, 데이-뷰]